바로 알고, 바로 쓰는

빵빵한 어린이 한국위인 2
근현대편

글·이건홍
그림·박빛나

U&B
유앤북

머리말

『빵빵한 어린이 한국 위인2 - 근현대편』

어린이 여러분, 우리나라는 참 오랜 역사를 가지고 있는 나라인 것은 알고 있죠? 최초의 국가인 고조선부터 현재의 대한민국까지 많은 나라들이 흥망성쇠를 거듭하면서 역사를 이어 왔어요.

때로는 주변 민족들의 침입도 받았지만, 위기를 잘 이겨내면서 오히려 우리 문화를 주변에 전파하기도 하였지요. 그 속에서도 우리는 참 훌륭한 문화를 꽃피웠어요.

이러한 자랑스러운 우리의 오천년 역사 속에는 역사를 지켜온 기억할 만한 위인과 인물들이 참 많아요.

그 가운데 150명의 역사적 위인들을 찾아서 그들의 자랑스러운 활동과 업적을 살펴보고자 했어요.

여러 위인들의 활동을 통해 우리나라 역사의 생생한 모습을 느끼고 교훈과 지혜를 갖게 될 거예요.

한편 역사 인물의 활동을 통해 나라를 생각하는 마음도 갖게 되고 역사를 바라보는 안목도 키울 수 있어요. 그리고 해당 인물이 관여된 역사적 사건들을 파악하면서 역사 공부도 잘할 수 있게 될 것으로 기대합니다.

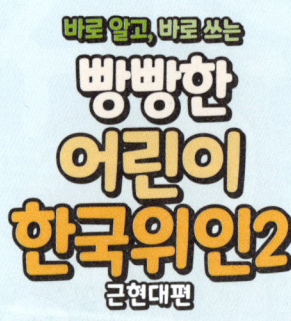

초판 1쇄 인쇄 | 2024년 3월 29일
초판 1쇄 발행 | 2024년 3월 29일

| 글 | 이건홍
| 그 림 | 박빛나
| 펴낸이 | 안대준
| 펴낸곳 | 유앤북
| 등 록 | 제 2022-000002호
| 주 소 | 서울시 중구 필동로 8길 61-16, 4층
| 전 화 | 02-2274-5446
| 팩 스 | 0504-086-2795

ISBN 979-11-984882-6-8 74700
ISBN 979-11-977525-0-6 (세트)

※ 이 책의 저작권은 〈유앤북〉에 있습니다. 저작권법에 의해 보호를 받는 저작물이므로 무단 전제와 복제를 금합니다.
※ 잘못된 책은 〈유앤북〉에서 바꾸어 드립니다.
※ 여러분의 소중한 원고를 기다립니다. you_book@naver.com

바로 알고, 바로 쓰는 빵빵한 어린이 한국위인 2 근현대편

특히 이 책은 인물들의 주요 활동을 만화 형식으로 꾸몄기 때문에 어린이 여러분들이 읽어 나가기에 쉽고 재미가 있어요.

2권에서는 개항 이후 근대국가 수립과 국권회복을 위해 애쓴 애국지사들과 의병 활동, 그리고 일제강점기에 나라의 독립을 위해 피를 흘린 독립운동가들의 활동을 중심으로 엮었으며, 종교계와 정치계 인물도 살펴보았어요.

여러분들은 앞으로 나라를 지키고 역사를 가꾸어갈 미래의 기둥입니다.

이 책을 통해 알게 된 여러 위인들의 삶을 통해 그들의 용기와 지혜를 본받아 더욱 밝은 미래를 열어 나가기를 기대합니다.

감사합니다.

이 건 홍

● **시대 구분 : 전근대와 근현대**

한국사에서 시대를 가장 크게 구분할 때 전근대와 근현대라는 용어를 사용합니다. 전근대 역사는 고조선, 삼국, 발해와 통일 신라, 고려, 조선 시대를 말하며 근현대 역사는 보통 서양에 문호를 개방한 시기부터 지금 우리가 살고 있는 현대 시기까지를 말합니다.

※ 참고 : 이 책의 내용은 역사적 사실을 바탕으로 한 것이지만 만화에 등장하는 인물들의 복장은 당시의 복장과 일치하지 않다는 것을 밝힙니다.

차례

85 김옥균 … 8	107 나혜석 … 96	129 이육사 … 184
86 유길준 … 12	108 강우규 … 100	130 전형필 … 188
87 서재필 … 16	109 손병희 … 104	131 김구 … 192
88 최익현 … 20	110 방정환 … 108	132 이동녕 … 196
89 신돌석 … 24	111 조만식 … 112	133 신채호 … 200
90 허위 … 28	112 이상재 … 116	134 이승만 … 204
91 서상돈 … 32	113 나운규 … 120	135 박은식 … 208
92 김광제 … 36	114 김좌진 … 124	136 김규식 … 212
93 전덕기 … 40	115 홍범도 … 128	137 조소앙 … 216
94 주시경 … 44	116 최진동 삼형제 … 132	138 지청천 … 220
95 지석영 … 48	117 안창호 … 136	139 여운형 … 224
96 이상설, 이준, 이위종 … 52	118 양기탁 … 140	140 김창숙 … 228
97 안중근 … 56	119 이승훈 … 144	141 장준하 … 232
98 장인환, 전명운 … 60	120 김원봉 … 148	142 홍난파 … 236
99 이재명 … 64	121 용감한 의열단원들 … 152	143 정지용 … 240
100 이회영 … 68	122 조명하 … 156	144 박정희 … 244
101 오세창 … 72	123 이봉창 … 160	145 김대중 … 248
102 유관순 … 76	124 윤봉길 … 164	146 김영삼 … 252
103 남자현 … 80	125 백정기 … 168	147 노무현 … 256
104 김마리아 … 84	126 박차정 … 172	148 반기문 … 260
105 최용신 … 88	127 심훈 … 176	149 김수환 … 264
106 권기옥 … 92	128 윤동주 … 180	150 한경직 … 268

바로 알고, 바로 쓰는

빵빵한 어린이 한국위인 2

근현대편

85 김옥균

갑신정변을 일으킨 풍운아

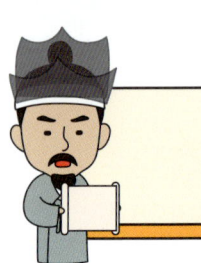

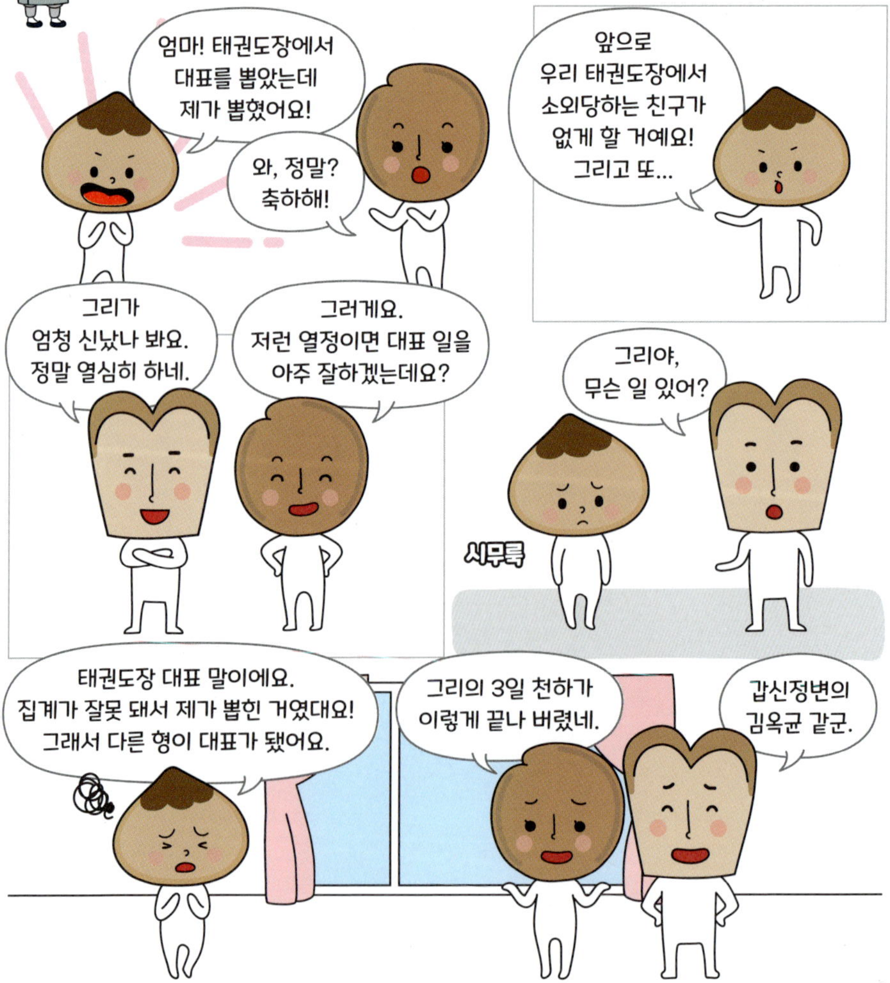

그렇게 갑신정변은 3일째 되던 날 청의 군대가 개입해서 실패하고 말았어. 그래서 갑신정변을 '삼일천하'라고도 하지.

조선을 근대적인 나라로 만들어야 한다는 뜻을 가지고 시작한 갑신정변이 실패하면서 조선에서 개화정책이 제대로 추진되지 못했어.

정변이 실패하고 김옥균은 개화당 인사들과 함께 인천에서 일본 상선을 얻어 타고 일본으로 망명하였어.

더 알아볼까요?

1. 근대적 우편 사무를 담당하기 위해 설치된 것은? ……………………………
2. 김옥균이 근대 국가 수립을 위해 일으킨 정변은? ……………………………

정답 ① 우정총국 ② 갑신정변

갑신정변을 일으킨 풍운아 - 김옥균

최초의 국비 유학생

87 서재필

독립협회를 만들고 독립신문을 발행하다

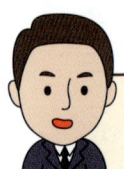

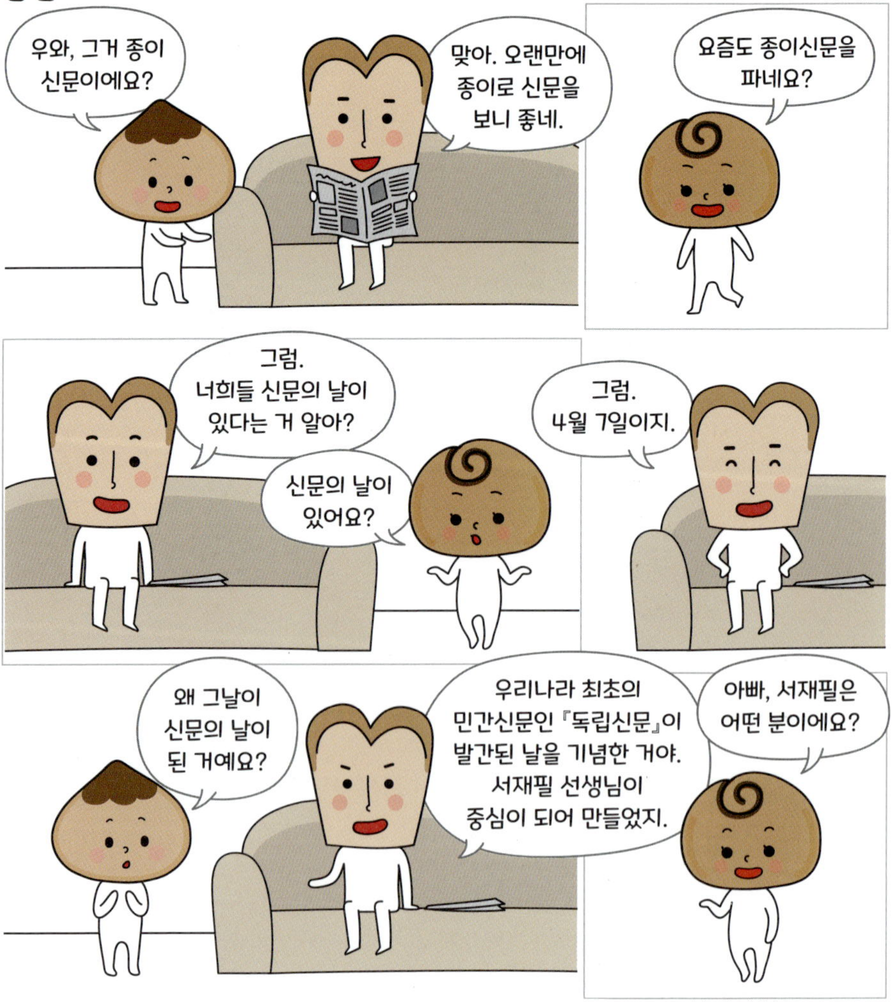

서재필은 1884년 어린 나이에 김옥균 등과 함께 갑신정변의 주역으로 가담하였지.

"조선에 근대적인 국민국가를 세우기 위한 정치 개혁을 일으킵시다."

"좋습니다."

하지만 갑신정변은 3일 만에 실패로 끝났어. '삼일천하'라고 해. 갑신정변이 실패하면서 그는 역적으로 낙인찍히고 말았어.

"어머니와 아내, 형은 자살하고, 두 살 된 어린 아들은 돌보는 이가 없어 굶어죽었다. 동생도 체포되어 참형에 처해졌으니 결국은 온 가족이 화를 입었구나."

그후 일본을 거쳐 미국으로 망명하였지. 미국으로 건너간 서재필은 의학을 공부하여 한국인 최초의 서양 의사가 되었지.

"이제 다시 조선으로 돌아가 미국에서 보고 배운 것을 바탕으로 조선에 근대 사상을 도입하고 신문을 발행하여 계몽 활동을 펼치자!"

1945년 일본이 패망하자 서재필은 1947년 7월 귀국하여 정치 일선에 나서기도 했지.

정치에 뜻을 품었으나 국내에 정치적 기반이 없으니 뜻을 이룰 수 없구나. 다시 미국으로 돌아가야겠다.

미국에서 들리는 대한민국의 소식은 분단이라는 참담한 소식뿐이구나.

6·25 전쟁이 한창 진행 중이던 1951년 필라델피아 근교 노스타운의 몽고메리 병원에서 쓸쓸하게 파란만장한 생을 마감했어.

미국 워싱턴에 있는 주미 한국대사관 앞에는 서재필의 동상이 있어. 한국과 미국과의 외교 관계에 있어서도 많은 활동을 했기 때문이지.

더 알아볼까요?

1. 우리나라 최초의 한글신문으로 영문판도 함께 발행한 신문은? ....
2. 갑신정변의 주역으로 후일 '독립신문' 발행을 주도한 사람은? ....

정답 ① 독립신문 ② 서재필

독립협회를 만들고 독립신문을 발행하다 – 서재필

88 최익현

항일 의병을 일으키다

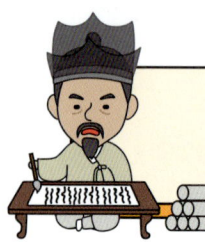

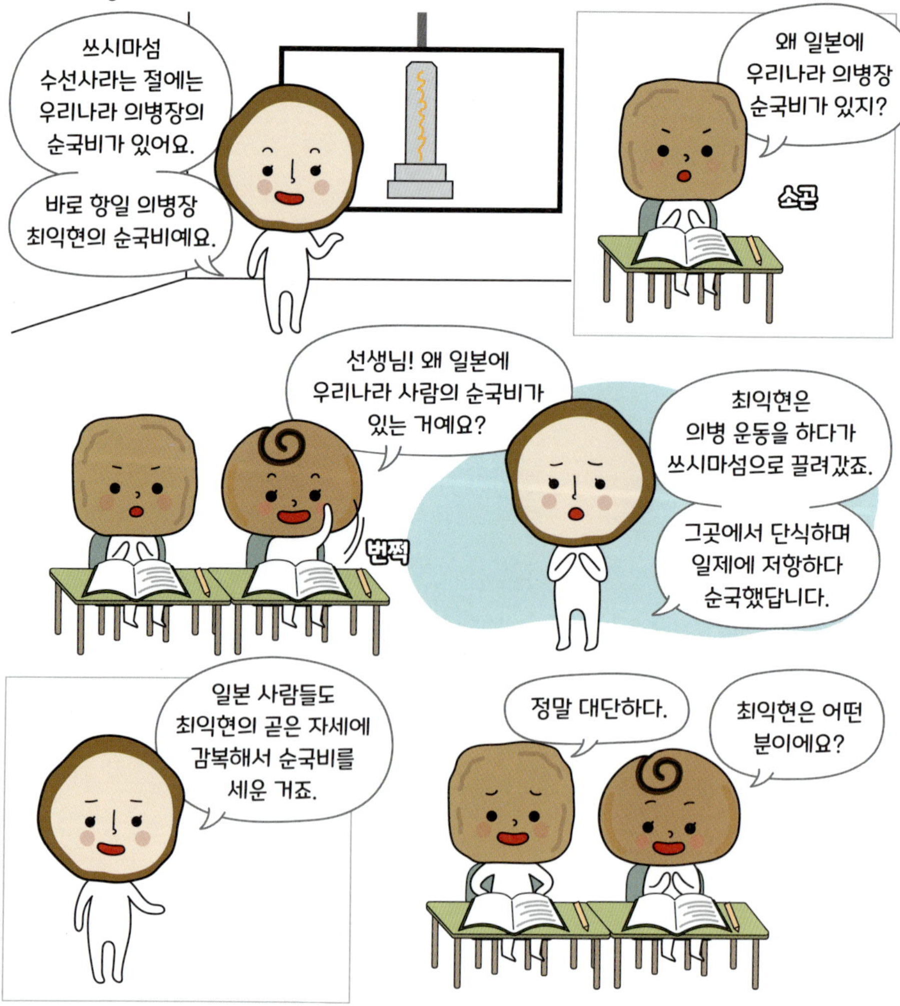

최익현은 일본이 무력을 앞세워 조선을 개항시키려 한다는 소식이 들리자 경복궁 광화문 앞에서 도끼를 들고 개항을 반대하는 상소문을 올렸어.

전하! 일본과 서양은 같은 도적이옵니다.

문호를 개방하면 일본의 값비싼 사치품이 들어오고 쌀과 같은 우리의 생필품은 일본으로 나가게 될 것입니다.

우리나라의 생필품이 부족하게 되어 결국 조선의 경제는 망하게 될 것입니다.

또한 서양의 종교가 들어오면 우리의 아름다운 풍속을 해치게 될 것입니다.

하지만 결국 일본에 문호를 열어 개항했어. 그리고 얼마 후 일본이 경복궁에 난입하여 명성황후를 시해하고 단발령을 내렸어.

나라의 국모를 시해하다니! 원수 일본을 응징하자!

차라리 내 목을 자를지언정 머리카락은 자를 수 없다.

"전국 각지에서 항일 의병이 일어나고 있소. 최익현 그대가 의병을 해산하도록 요청해 주시오...!"

"일본이 물러나기 전까지 의병은 절대 해산할 수 없습니다!"

"또한 침략에 앞장선 친일 관리들은 부끄러운 줄 아시오!"

급기야 일본이 을사늑약을 체결하여 우리나라 외교권을 박탈했어. 조선이 독자적으로 다른 나라와 조약을 맺는 등의 외교 활동을 할 수 없게 만든 거지.

"이것은 식민지 상태와 다름없지 않소! 일본에게 우리의 주권을 빼앗긴 것이오!"

"을사늑약은 무효라는 상소문을 올리겠소!"

"스스로 외교 활동을 못하면 이것은 나라가 없고 임금이 없는 것과 같습니다. 나라가 없고 임금이 없다면 우리나라 사람들은 모두 노예나 다름이 없는 것입니다."

"폐하! 을사늑약에 협조한 이완용, 박제순, 이근택, 이지용, 권중현, 이 5적을 처단하고 그리고 외국 대사관들이 철수하기 전에 폐하께서 직접 조약이 무효라는 것을 선언하십시오."

> 더 알아볼까요?

1. 일본 쓰시마 섬에서 순국한 항일 의병장은? ....
2. 강화도 조약 체결에 반대하여 도끼를 들고 광화문 앞에서 상소문을 올린 사람은? ....

① 정답: 최익현 ② 정답: 최익현

항일 의병을 일으키다 - **최익현**

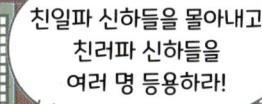

일본은 동학 농민군을 제압하고 청일전쟁에서도 승리를 거둔 후 우리나라 정치에 더 많이 간섭하기 시작했지. 고종과 명성황후는 일본을 견제하기 위해 세력이 커진 러시아를 가까이하려 했어.

친일파 신하들을 몰아내고 친러파 신하들을 여러 명 등용하라!

일본에 저항하면 어떻게 되는지 보여주겠다. 명성황후를 죽여라!

결국 일본공사 미우라가 무사들을 동원하여 경복궁에 침입해 명성황후를 잔인하게 시해하고 말았어. 이를 을미사변이라고 해.

이에 대한 저항으로 전국 각지에서 의병이 일어났어. 이를 을미의병이라 하지. 때마침 일본은 개화 정책을 하겠다면서 백성들에게 단발령을 내린 상태였지. 의병 운동은 불길에 기름을 부은 듯이 맹렬해졌어.

고을마다 이름 난 유학자들은 모두 일어나 의병을 이끌고 나라를 지키자!

평민 출신 의병장 - 신돌석

더 알아볼까요?

1. 최초의 평민 의병장으로 이름을 날린 사람은? ....
2. '태백산 호랑이'라는 별명으로 을사의병 때 활약한 사람은? ....

평민 출신 의병장 - 신돌석

90 허위
13도 창의군을 이끌다

"이번 운동회 축구 경기 우리 반 결승 갔어!"

"맞아. 한번만 더 이기면 우리 반이 우승이야!"

"여러분, 안 좋은 소식이에요. 이번에 감기가 유행하는 거 알죠?"

"축구 경기 나가기로 한 친구들 중에 감기 걸린 친구들이 많아져서 이번 경기는 기권해야 될 것 같아요."

"네? 안 돼요! 우승이 코앞인데...!"

"얘들아, 우리 자발적으로 일어나 싸우자! 축구 잘하는 친구들 다 모여 봐!"

벌떡!

"너희들 꼭 조선 말에 일제를 몰아내려고 모였던 의병들 같네."

"의병이요? 저는 그럼 13도 창의군을 이끈 허위라고 해주실래요?"

"허위가 누군데?"

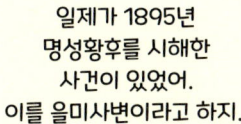

양주에 집결한 의병들은 총대장에 이인영, 군사장에 허위를 임명하였는데 13도 창의군을 실질적으로 이끈 의병장은 허위였지.

총대장 이인영의 아버지가 돌아가시는 바람에 고향으로 내려가 의병 부대의 군사장을 제가 맡게 되었습니다.

13도 창의군은 부대별로 분산하여 서울로 진격하여 같은 날 동대문 밖에 집결합시다.

좋소.

허위가 선발대 300여 명을 이끌고 먼저 출발하여 동대문 밖 30리 지점에 도착하여 일본군과 교전을 벌였는데 후속 부대가 도착하지 않아 안타깝게도 후퇴하고 말았지.

허위는 재판을 받을 때도 일제의 침략을 꾸짖고 의병 활동의 정당성을 주장했는데 결국 1908년 10월 21일 처형되고 말았어.

일제의 침략은 부당하고 나라를 되찾기 위해 싸운 의병은 정당하다! 손바닥으로 하늘을 가릴 순 없다!

더 알아볼까요?

1. 1907년 서울진공작전을 펼친 의병 연합 부대는? ....
2. 13도 창의군의 군사장을 맡아 의병 전쟁을 이끌었던 의병장은? ....

정답 ① 13도 창의군 ② 허위

13도 창의군을 이끌다 - 허위

91 서상돈
국채보상운동을 이끌다

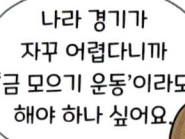
나라 경기가 자꾸 어렵다니까 '금 모으기 운동'이라도 해야 하나 싶어요.

'금 모으기 운동'이 뭐예요?

외환 위기가 닥쳤을 때 국민들이 자발적으로 일어나 외채를 갚기 위해 금을 모았었던 걸 말해.

우와, 국민들이 나라를 위해 자기 걸 기꺼이 내놓은 거네요?

그렇지. 결혼반지, 돌반지 등을 기부해서 세계적으로 큰 감동을 줬던 운동이란다.

그런데 100여 년 전인 1907년에도 나라 빚을 갚아 주권을 회복하자고 일어난 운동이 있었어.

100여 년 전에도요?

서상돈 선생이 이끈 국채보상운동이었지. 백성들이 담배와 술을 끊고 그 돈으로 조금씩 모금 운동을 펼쳤다고 해.

나라가 위기에 처할 때마다 백성들이 자발적으로 일어서다니 역시 우리 민족은 위대한 것 같아요.

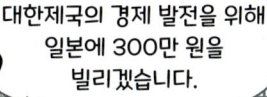

"대한제국의 경제 발전을 위해 일본에 300만 원을 빌리겠습니다."

"그렇게 하면 연 6% 이상의 고금리이니 해마다 이자가 눈덩이처럼 늘어나는 것이 아니오?"

일제는 대한제국을 손아귀에 넣으려고 1905년 6월에 일본인 메가다를 재정 고문에 임명했어.

"빚이 불어나면 전 국토를 일본에 빼앗기고 2천만 민족은 일제의 노예가 돼버릴 수도 있으니 절박한 상황입니다."

"1천300만 원이면 대한제국의 1년 예산에 해당하는 규모인데 이 빚을 어쩐단 말인가."

1907년 경에는 우리나라 외채가 무려 1천300만 원에 달했다고 해. 당시 평범한 공무원 월급이 15원 정도였다니 엄청난 금액이야.

"나랏빚을 갚지 못하면 나라가 망하게 됩니다. 일제에게 진 빚을 우리 손으로 갚아 우리나라 주권을 지킵시다."

서상돈은 애국계몽 단체인 광문사를 조직하였는데 여기에서 1907년 1월 29일 국채보상운동을 결의했어.

국채보상운동을 이끌다 - 서상돈

온 국민이 나라를 위해 힘쓰는데 가만히 있을 수 있겠는가. 나도 금연하여 운동에 참여하겠네.

서울에서도 국채보상기성회가 설치되었고 대한매일신보사에 국채보상지원금총합소도 설치됐어. 고종황제도 참여하며 범국민운동으로 커져 나갔지.

에잇..! 이대로 둘 순 없다. 국채보상운동을 금지한다!

친일 단체인 일진회를 앞세워 온갖 방법으로 방해와 탄압을 하니 더 이상 운동을 진행할 수 없구나.

그러나 이때 결집한 온 국민의 애국정신은 훗날 3·1 독립운동과 물산장려운동, 민립대학 설립운동과 같은 민족운동이 일어나는 바탕이 되었다고 할 수 있지.

국채보상운동운동은 좌절되었지만 나라의 힘을 기르기 위해 조선의 실업을 통해 민족의 힘을 키워야한다.

조선을 위해 힘쓰던 서상돈은 1913년 6월 30일, 64세를 일기로 별세했어.

더 알아볼까요?

1. 1907년 나라의 빚을 갚아 국권을 회복하고자 대구에서 시작된 민족운동은? ……………
2. 광문사를 조직하고 김광제와 함께 국채보상운동을 이끌었던 민족 운동가는? ……………

① 정답 : 국채보상운동 ② 정답 : 서상돈

국채보상운동을 이끌다 - 서상돈

92 김광제
일신학교를 설립하고 애국계몽 운동을 전개하다

"사장인 제가 먼저 담뱃대, 담뱃갑을 버리고 3개월치 담뱃값 60전과 의연금 10원을 내겠습니다!"

1907년 광문회 회의에서 서상돈 등과 함께 국채보상회를 조직했지.

"국채보상운동은 실패로 돌아갔지만 대한자강회, 대한협회 등 정치 단체에 참여하고,"

"교육단체를 세워 국민 계몽을 위한 순회 강연을 다녀야겠다."

그러나 1907년 4월부터 12월까지 활발하게 전개되던 국채보상운동은 일제의 탄압으로 1908년에 접어들면서 점차 쇠퇴하고 말았지.

"일신학교 교사들과 함께 민족의식을 일깨우는 민족교육을 실시합시다."

그러던 중 1910년 일제가 조선을 강제로 병합하여 나라가 망하자 중국으로 건너가 1915년 6월 만주에 일신학교를 세우고 교장을 맡았어.

1919년 3월 1일, 전국적인 만세운동이 일어나고 김광제는 귀국하여 동경유학생 이달, 김영만과 대구 지역 민족지사들과 함께 제2의 3·1 운동을 계획했어.

우리 민족이 포기하지 않고 3·1 운동을 이뤄냈다니 대견하다!

어서 조선으로 돌아가 제 2의 3·1 운동을 이끌자...!

저들을 모두 체포하라!

대구 지역 민족 지사분들, 먼저 독립선언서를 배포합시다!

일제 경찰에 발각되어 체포되기도 했지만 그는 다시 1920년 2월 종로 중앙청년회관에서 조선노동대회 발기회를 주도하며 노동자 권익을 위한 본격적인 활동에 나섰어.

노동자의 권리를 살리고 나라의 힘을 키워야 합니다!

전국 순회강연을 다니면서 조선의 독립과 함께 노동자를 위해 살았지. 김광제는 나라가 어려울 때 자신을 희생하여 국권을 회복하기 위한 활동을 펼친 분이야.

더 알아볼까요?

1. '광문사'라는 출판사를 설립하여 사장으로 취임하고 애국계몽 운동을 전개한 사람은? .....
2. 만주에 일신학교를 설립하고 민족교육을 펼친 민족 운동가는? ....

① 정답 : 김광제 ② 정답 : 김광제

일신학교를 설립하고 애국계몽 운동을 전개하다 – 김광제

93 전덕기

민족운동을 이끈 목사

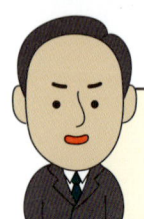

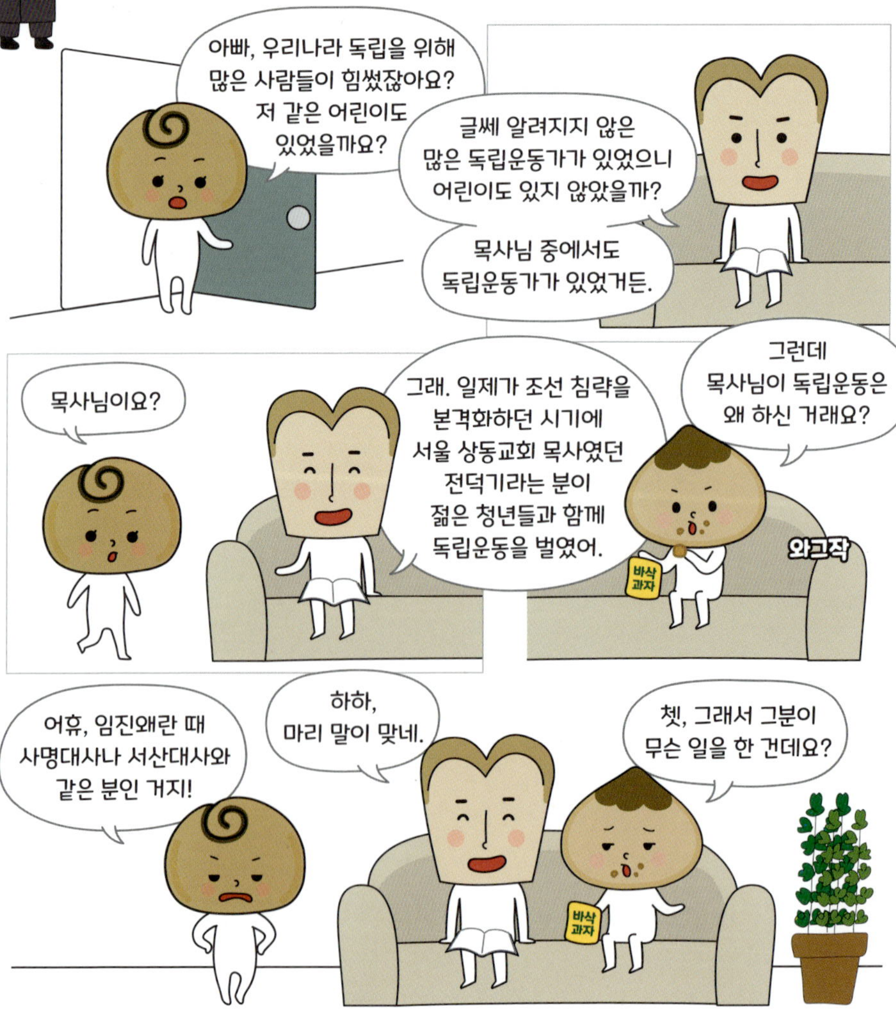

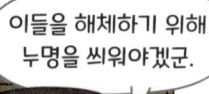

결국 일제는 1911년 데라우찌 총독 암살을 모의했다는 누명을 씌워 독립운동가들을 잡아들였어. 이른바 '105인 사건'이라고 해. 이때 전덕기 목사도 체포되어 엄청난 고문을 당하게 되었지.

"신민회 핵심 인물들이 모두 체포되었답니다!"

"이럴 수가... 신민회가 이렇게 무너지고 마는 것인가."

털썩

"105인 사건 이후 전덕기와 뜻을 함께하던 수많은 독립운동가들이 해외로 뿔뿔이 흩어지게 되었습니다."

"그러나 독립을 위한 투쟁을 끝까지 포기하지 맙시다."

민족대표 33인 가운데 4명이 상동교회 출신 인사들이었어. 모두 전덕기의 영향을 받은 사람들이었지. 전덕기 목사는 목사이면서 나라의 독립을 위해 애쓴 대표적인 독립운동가였어.

더 알아볼까요?

1. 상동교회 목사로 1900년대 민족운동을 이끌었던 독립운동가는? ....
2. 비밀리에 독립운동을 전개하면서 만주에 신흥무관학교를 세운 단체는? ....

정답 ① 전덕기 정답 ② 신민회

민족운동을 이끈 목사 – **전덕기**

94 주시경
우리말을 지키는 데 앞장서다

"Oh my god! My 국어 점수 왜 이런 거야…"

"영어는 그렇게 쓰면서 한글 점수는 꽝이네."

"그렇네. 근데 '한글'이라는 말은 한국의 글이라는 뜻인가?"

"아니지. '으뜸가는 글', '하나밖에 없는 글', '크고 바른 글'이라는 뜻이야."

"네, 선생님! 한글이 그런 뜻이었군요."

"선생님, 세종대왕이 창제한 문자는 '훈민정음'인데 그럼 '한글'이라는 말은 누가 처음 사용한 거예요?"

"바로 주시경 선생이지. 세종대왕이 '한글의 아버지'라면, 주시경 선생은 '한글의 어머니'라 할 수 있겠다."

"한글의 어머니면 여성이세요?"

"아니! 주시경 선생이 어떤 분이냐면…"

1910년 8월 대한제국이 일제에 의해 식민지가 되었어. 일제는 조선 사람들의 정신을 억누르기 위해 우리말과 우리 역사를 배우지 못하게 했지.

일제가 막는다고 꺾일 마음인 줄 아느냐!

보성중학교에 조선어강습원을 열어 제자 양성에 힘을 쏟으리라!

나라를 잃었는데 언어까지 잃으면 영원히 독립할 수 없을지도 모른다. 국어를 더 열심히 가르쳐야지.

우리나라 단어와 그 뜻을 모은 '말모이' 작업도 진행해야겠다.

그러나 몸을 돌보지 않고 쉴 틈도 없이 일한 탓일까, 1914년 갑작스럽게 세상을 떠나고 말았지.

이후 주시경 선생의 뜻은 제자들에 의해 조선어연구회, 조선어학회를 거쳐 광복 뒤에는 한글학회로 이어졌어.

주시경 선생님은 일제강점기에 '한글'로 우리 민족을 하나로 뭉치게 만든 위대한 독립운동가셨습니다.

더 알아볼까요?

1. '으뜸가는 글', '크고 바른 글'이는 뜻의 우리 글을 지칭하는 것은? ....
2. '한글'이라는 말을 처음으로 만들어 사용한 사람은? ....

정답 ① 한글 ② 주시경

우리말을 지키는 데 앞장서다 - **주시경**

95 지석영

종두법을 도입하다

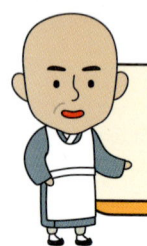

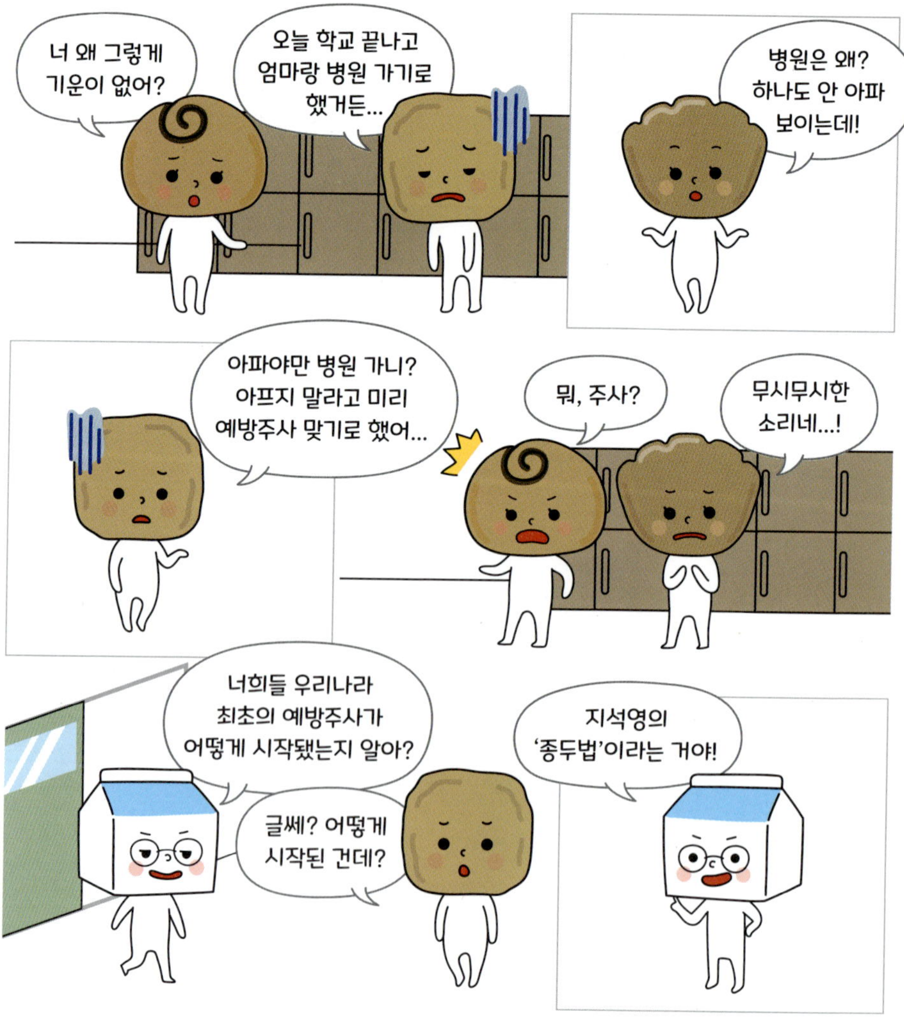

지석영은 다시 수신사 일행으로 일본으로 건너가 두묘(원료)제조기술을 완전히 습득했어. 그리고 귀국 후 서울에 종두장을 차려 본격적으로 우두접종 사업을 펼쳐나갔지.

"천연두에 걸리지 않게 해준다고 하여 왔습니다."

"잘 오셨습니다."

지석영은 1885년 『우두신설』이라는 책을 간행했는데, 이것이 우리나라 사람이 저술한 최초의 서양 의학서야. 그리고 1899년 의학교가 설치되자 초대 교장으로 임명되기도 했어.

"정부에 건의해 의학교의 부속병원이 설립된 후 이듬해 의학교는 첫 졸업생 19명을 배출뇌었으니 참 기쁘구나."

지석영은 우리나라 예방접종의 선구자로 많은 어린이를 위험에서 구한 위대한 의학자였지.

더 알아볼까요?

1. '마마'라고도 불린 감염병으로 얼굴에 흉터가 남는 질병은? ....
2. 최초로 종두법을 실시하여 천연두 예방에 크게 공헌한 사람은? ....

정답 ① 천연두 정답 ② 지석영

종두법을 도입하다 - 지석영

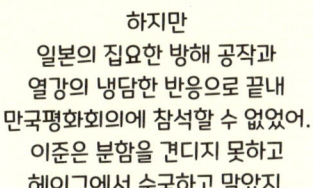

하지만 일본의 집요한 방해 공작과 열강의 냉담한 반응으로 끝내 만국평화회의에 참석할 수 없었어. 이준은 분함을 견디지 못하고 헤이그에서 순국하고 말았지.

참으로 분하다...! 우리의 말에 귀 기울이는 자들이 없구나!

대한제국의 외교권은 우리 일본에게 있는데 국제회의에서 대한제국의 주권을 이야기하다니 이것은 명백한 반란이다!

이상설은 사형! 이준과 이위종은 종신형에 처한다!

이 때문에 이상설과 이위종은 귀국하지 못하고 이상설은 블라디보스토크로 건너가 독립운동을 이어갔고, 이위종은 그 뒤로 소식이 끊기고 말았지.

뒤에서 몰래 이런 일을 꾸미다니. 고종을 끌어내려라!

크윽...!

그리고 일본은 특사 파견을 빌미로 고종을 끌어내리고 대한제국의 외교권, 내정권, 군사권을 모두 장악하게 됐어.

더 알아볼까요?

1. 고종이 특사를 파견한 세계 만국평화회의가 열렸던 곳은? ....
2. 고종이 헤이그에 특사를 파견한 것은 어떤 조약의 부당성을 알리기 위해서인가? ....

① 정답 : 네덜란드 헤이그 ② 정답 : 을사조약(을사늑약)

헤이그 만국평화회의에 특사로 파견되다 - 이상설, 이준, 이위종

97 안중근
이토 히로부미를 처단하다

"태권도 대회가 코앞인데 너무 피곤하고 힘들다."

"그리야, 오늘도 태권도 열심히 하고 왔니?"

"오늘은 너무 힘들어서 쉬기로 했어요."

"대회에서 우승하고 싶다면 힘들 때 발차기 한번 더 해야 하는 거야."

"그치만 저 오늘은 너무 힘들었다고요!"

"결국 더 많이 노력하는 사람이 승리를 얻게 돼. 아빠 말 들어."

"네에..."

시무룩

"당신이 고생이 많아요. 힘들면 쉬라고 말해주고 싶을 텐데 더 열심히 하라고 해야 하잖아요"

"그러게요. 안중근 의사에게 미련 없이 죽으라고 편지한 조마리아 여사의 마음이 이랬을까요?"

"아빠, 그게 뭐예요? 안중근 의사랑 조마리아 여사 이야기 궁금해요!"

안중근 의사는 이토 히로부미가 하얼빈을 방문한다는 소식을 듣고 거사를 준비했어.

일본이 만주를 빼앗을 목적으로 러시아와 논의하기 위해 이토 히로부미를 보낸다 합니다.

침략의 원흉인 이토 히로부미를 처단하여 일본의 만행을 세계에 알리리라!

허억!

탕 탕 탕

3발의 총알을 맞은 이토는 응급 치료를 받았으나 20여 분만에 숨을 거뒀어. 대한제국은 물론 만주까지 일본의 영토로 만들고자 했던 이토가 안중근 의사의 손에 의해 최후를 맞은 거지.

안중근 의사를 체포한 러시아 경찰은 안중근 의사를 일본 대사관에 넘겼고 곧 뤼순 감옥에 갇히게 됐지. 일본 검찰관이 이토를 죽인 이유를 묻자 안중근 의사는 다음과 같이 대답했지.

명성 황후를 시해하고 을사늑약을 강제로 체결한 죄. 고종 황제를 폐위시키고 대한 제국의 군대를 해산시킨 죄. 또 무고한 사람들을 학살하고 한국인의 권리를 박탈하였고 동양의 평화를 깨뜨린 죄 때문이다!

"안중근에게 사형을 내린다!"

"일본에는 사형 이상의 형벌은 없는 것이오?"

뤼순 감옥에서 일본에 의한 폭력적인 조사가 이어졌어. 그리고 마지막 재판에서 결국 사형을 선고받게 되었지.

안중근 의사는 항소도 하지 않았어. 안중근 의사의 어머니 조마리아 여사는 사형을 선고받은 아들에게 이렇게 편지를 썼다고 해.

"너는 나라를 위해 이토 히로부미를 죽인 것이니 만약 사형 판결을 받는다면 다른 마음 먹지 말고 당당히 죽도록 해라. 비겁하게 삶을 구걸하지 말고 큰 뜻에 따라 죽는 것이 어미에 대한 효도이다."

"옥에 있는 동안 한국·중국·일본 3국의 관계가 '대등한 국가 관계임을 명시하고 일본의 침략을 비판하며 평화를 이뤄야 한다는 내용을 담아 『동양평화론』을 쓰자."

안중근 의사는 옥중에서 자서전과 『동양평화론』을 집필하며 자신의 삶과 사상을 정리했지.

더 알아볼까요?

1. 만주 하얼빈 역에서 이토 히로부미를 사살한 독립투사는? ....
2. 안중근 의사가 마지막 숨을 거둔 곳은? ....

이토 히로부미를 처단하다 - 안중근

98 장인환·전명운
샌프란시스코에 울려 퍼진 총성

매운 떡볶이

오늘 떡볶이 집이 할인한댔지? 내 용돈으로 떡볶이 4인분 사 가면 가족들이 감동받겠지?

짜잔! 제가 오늘 간식으로 떡볶이를 준비했습니다!

어? 너 혹시 학교 앞 떡볶이집에서 사 온 거야?

오잉? 누나가 어떻게 알아?

나도 거기서 떡볶이 사 왔거든.

덕분에 오늘 떡볶이 실컷 먹겠다.

너희들 꼭 친일파를 암살한 전명운과 장인환 같다.

약속한 것처럼 같은 날, 같은 장소에서 암살을 시도했거든.

우와, 그래서 어떻게 됐는데요?

일단 떡볶이부터 먹자고요!

스티븐스는 일제가 대한제국 정부에 파견한 '외교고문'으로 한국 침략의 앞잡이 노릇을 하던 미국인이야.
일본이 대한제국을 지배하는 것은 대한제국의 이익입니다.
언론사와 기자회견을 하면서 친일성명서를 발표하다니...! 용서 못한다!
즉시 한인 교포 대표를 선발해 스티븐스를 찾아가 강경한 항의를 합시다.
성명서 내용을 당장 정정하시오!
무슨 소리! 한국에 이완용과 같은 충신이 있고 이토 히로부미와 같은 통감이 있으니 한국의 큰 행복이고 동양의 다행이지!
그 뒤로 한인 대표들은 스티븐스에 대한 대책을 논의했는데 이 자리에 전명운과 장인환도 참석했지.
극악무도한 스티븐스를 암살합시다.
전명운
장인환
권총과 스티븐스 사진을 준비했소. 이제 기회만 잡으면 됩니다.

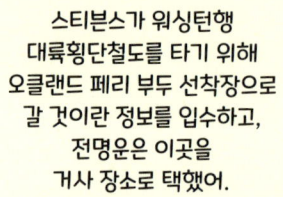

"장인환의 변호사비를 위해 돈을 모았는데 3억이나 되는 돈이 모였습니다."

"참 잘된 일입니다."

암살에 실패한 전명운은 증거 불충분으로 석방되고, 장인환은 25년형을 선고받았어.

전명운은 이후에도 민족의식을 일깨우는 강연을 이어갔고 군자금을 모아 상해 임시정부에 전달하기도 했어. 장인환도 변호인의 노력으로 10년으로 감형되어 복역 후 석방되었으나 옥고로 얻은 병으로 1930년 운명을 달리하였지.

두 사람의 의거는 해외 거주 한국인 최초의 의열투쟁이라는 평가를 받고 있어. 또 국내외 한인들에게 독립에 대한 열망을 불러일으켰지.

"우리도 전명운과 장인환처럼 몸을 아끼지 말고 의거에 힘씁시다!"

더 알아볼까요?

1. 장인환과 전명운이 암살한 친일 미국인은? ....
2. 장인환과 전명운이 스티븐스를 저격한 곳은? ....

정답 ① 스티븐스 ② 미국 샌프란시스코 페리 부두

샌프란시스코에 울려 퍼진 총성 – 장인환, 전명운

99 이재명

이완용 습격으로 사형당한 독립운동가

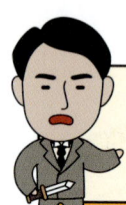

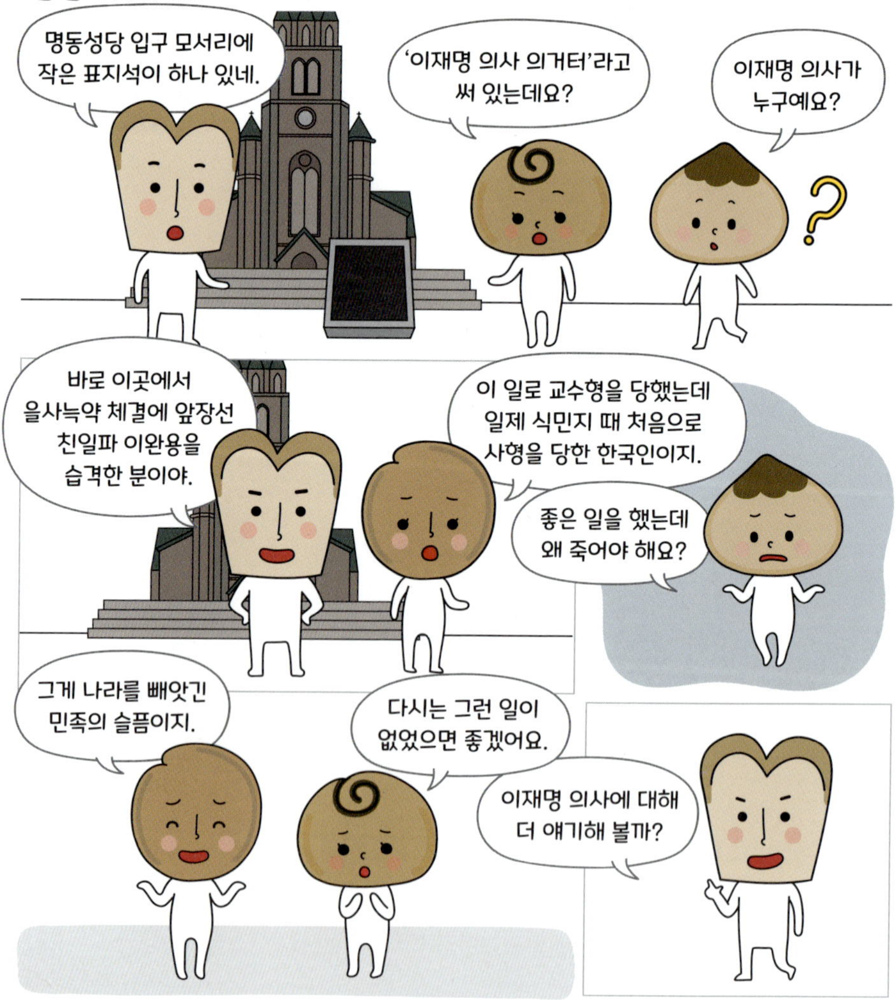

이 날을 거사일로 잡고 이완용이 성당에서 나와 인력거에 오르자 그를 향해 달려들어 단검을 찔렀지.

이완용이 죽었다고 판단한 22살의 청년 이재명 의사는 '대한 독립 만세'를 외치다 곧바로 일본인 순사에게 체포되었어

안타깝게도 이완용은 대수술을 받고 살아났지. 한 달 뒤 총리대신으로 복직한 이완용은 한일합방 조약에 도장을 찍고 최고 훈장인 금척대수훈장까지 받았어.

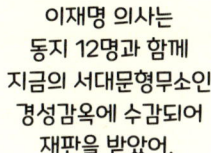

더 알아볼까요?

1. 을사5적 가운데 한 사람인 이완용을 습격한 애국지사는? ....
2. 이재명 의사가 매국노 이완용을 습격한 장소는? ....

이완용 습격으로 사형당한 독립운동가 – 이재명

100 이회영
진정한 노블레스 오블리주

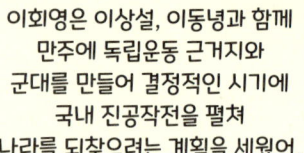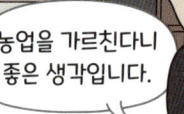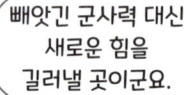

그러나 이들 형제는 가져간 자금이 바닥나면서 오히려 중국의 빈민가를 전전해야 했어. 나라를 구하기 위해 개인의 평안을 뒤로 한 희생적인 삶이었지.

일주일에 세 끼를 먹으면 잘 먹을 정도지만 궁핍이 아버지의 독립 의지를 꺾지는 못하는구나.

이회영은 1932년 11월, 66세가 된 해에 만주의 군벌 장학량과 연대하여 일본군을 격파하는 계획을 세웠어.

나는 계획 실현을 위해 만주로 떠나겠소.

저자를 잡아라!

조선인 밀정의 고발로 일본 경찰에 체포된 이회영은 연로한 나이에 고문을 받고 뤼순형무소에서 숨을 거두고 말았어.

온 재산을 내놓아 독립운동에 헌신했던 이회영과 그의 형제들의 희생을 영원히 기억하겠습니다.

더 알아볼까요?

1. 이회영이 만주 이주 동포들의 근거지 마련을 위해 세운 자치 기구는? ....
2. 이회영이 설립하여 김좌진과 이청천 등의 독립군을 길러낸 곳은? ....

정답 ① 경학사 ② 신흥강습소(신흥무관학교)

진정한 노블레스 오블리주 – 이회영

101 오세창
민족문화 지킴이가 된 독립운동가

오세창은 8대에 걸쳐 역관을 지낸 가문 출신이야. 역관 시험 준비를 하면서 북경을 자주 오가던 집안 환경 덕분에 청나라 골동품과 서화는 물론 서구의 선진 문물을 일찍부터 접할 수 있었지.

"아버지와 함께 오래된 그림과 책을 많이 접하고 모았지요."

"문화재에 대해 잘 알고 계시겠네요."

1902년 '개혁당 사건'에 휘말려 일본으로 망명가게 되었어. 1906년 귀국 후 천도교 신문사 『만세보』의 사장에 취임했고, 이어 『대한민보』 사장을 역임하게 됐지.

"신문사 『대한민보』의 부사장이 되었으니 친일파 일진회에 대항하는 기사를 써야겠다."

일본에 의해 우리의 전통문화가 훼손되는 것을 마음 아파했던 오세창은 전통문화를 지키기 위해 힘썼어.

"우리 문화를 지키는 길만이 민족 정기를 되살리는 독립운동의 길이다...!"

"정몽주, 정도전, 김시습, 성삼문, 퇴계, 다산 등의 글과 그림 1,175점을 구매해 학문적으로 계보를 정리해야지."

민족문화 지킴이가 된 독립운동가 - 오세창

아버지 오경석과 내가 수집한 풍부한 문헌과 고서화를 토대로 삼국시대부터 근대까지 1,117명의 작품과 생애에 관한 글을 정리하여 『근역서화징』이라는 책을 만들자.

이 책은 우리 고서화의 인명사전이자 자료집인데 몇 십 명의 연구자가 몇 년에 걸쳐야 할 수 있는 걸 홀로 해낸 거야. 이 책으로 한국 서화사가 처음으로 학문적으로 체계화되었어.

1945년 일제가 패망한 뒤 많은 정치 단체들은 오세창을 앞다투어 고문으로 모셔갔고 이승만, 김구, 여운형 등이 미군정을 자문하기 위해 결성한 '민주의원' 28명 중 한 명이 되기도 했어.

오늘날 우리가 당연하게 보는 우리 문화의 뒤에는 오세창과 같은 선각자의 피땀 어린 노력이 있었던 거야.

더 알아볼까요?

1. 일제 강점기에 민족 문화를 지키기 위해 애쓰며 『근역서화징』을 편찬한 사람은? ....
2. 미 군정이 대한제국의 옥새를 넘겨줄 때 국민을 대표해 인수받은 사람은? ......

민족문화 지킴이가 된 독립운동가 - 오세창

102 유관순
3·1 독립운동의 아이콘

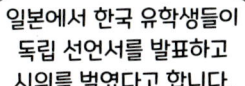

일제가 우리나라 국권을 강제로 빼앗고 총칼을 앞세워 무자비한 통치를 했어. 우리 민족은 이에 굴복하지 않고 1919년 항일 운동인 3·1 독립운동을 벌였어.

일본에서 한국 유학생들이 독립 선언서를 발표하고 시위를 벌였다고 합니다.

우리도 이대로 있을 순 없소. 온 민족이 참여하는 만세 운동을 벌여 전 세계에 독립 의지를 보여줍시다.

1919년 3월 1일, 덕수궁 문 앞은 발 디딜 틈도 없이 수많은 사람으로 가득 찼어. 비슷한 시각, 탑골공원에서는 학생들과 시민들이 모여 독립선언식이 진행되고 있었어.

우리는 이에 우리 조선이 독립한 나라임과 조선 사람이 자주적인 민족임을 선언하노라.

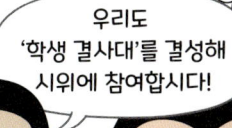

우리도 '학생 결사대'를 결성해 시위에 참여합시다!

좋아!

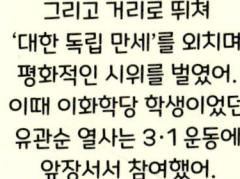

그리고 거리로 뛰쳐 '대한 독립 만세'를 외치며 평화적인 시위를 벌였어. 이때 이화학당 학생이었던 유관순 열사는 3·1 운동에 앞장서서 참여했어.

3·1 독립운동의 아이콘 - 유관순

유관순에게 징역 5년을 내린다!

내 나라 독립을 위해 만세를 부른 것이 어찌 죄가 되느냐?

죄가 있다면, 불법으로 내 나라를 빼앗은 너희들에게 있는 것 아니냐?

이날 유관순 열사의 부모도 목숨을 잃고 유관순 열사도 만세 운동의 주모자로 체포되어 공주교도소로 넘겨졌지.

오늘은 3·1 운동 1주년입니다. 비록 우리는 감옥에 갇혀있지만 다시 한 번 '대한 독립 만세'를 외칩시다.

대한 독립 만세!

유관순 열사는 서대문 형무소에 갇히게 되었지. 유관순이 갇힌 여자 감방에는 만세 운동을 벌이다 잡혀 온 학생들도 많았어.

독립운동을 멈추지 못해?

퍽 퍽

으악!

간수들이 유관순 열사를 구타하여 방광이 파열되는 상처를 입고 말았어. 게다가 형무소 지하 독방에 갇혀 심한 고문을 받았지. 결국 유관순은 가석방 직전 18세의 어린 나이로 세상을 떠나고 말았어.

더 알아볼까요?

1. 유관순 열사가 3·1 독립운동 당시 다녔던 학교는? ....
2. 유관순 열사가 고향에 내려가 3·1 독립운동을 벌였던 곳은? ....

① 정답 : 이화학당 ② 정답 : 아우내 장터

3·1 독립운동의 아이콘 - 유관순

103 남자현
조국 독립을 위해 싸운 '독립군의 어머니'

조국 독립을 위해 싸운 '독립군의 어머니' - 남자현

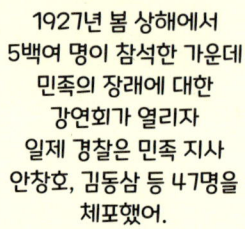

1927년 봄 상해에서 5백여 명이 참석한 가운데 민족의 장래에 대한 강연회가 열리자 일제 경찰은 민족 지사 안창호, 김동삼 등 47명을 체포했어.

"필요한 것은 없으십니까? 민족 지사 분들의 석방을 위해 모두가 힘쓰고 있습니다."

"항상 이렇게 신경써 주시니 감사합니다."

일제의 탄압이 심해질수록 독립군의 활동도 한층 치열해지고 많은 부상자와 감옥에 갇힌 사람들이 생겨났어. 남자현 열사는 그들을 간호하는 데 힘썼지.

"병으로 고생하는 독립군과 투옥된 애국청년들을 항상 어머니처럼 간호해 주시니 감사합니다."

"나라를 위해 희생하는 분들인데 이 정도도 못하겠습니까."

그러던 어느 날 일제가 만주땅을 차지해 만주국을 세웠을 때였어. 국제연맹조사단이 일제의 침략 진상을 파악하기 위해 하얼빈에 파견된다는 소식이 들렸지.

"지금이 우리의 독립의지를 세계에 알릴 기회다!"

"내 손가락을 잘라 '조선독립원 (조선의 독립을 원한다)' 혈서를 써 전달해야겠다."

"만주국 건국 1주년을 맞아 일본전권대사 무토 노부요시가 온다고 합니다. 그를 암살할 적기입니다."

"제가 거지로 분장해 무기를 운반하겠습니다."

그런데 그만 밀정의 고발로 일제 형사에게 붙잡히고 말았어. 당시 남자현 열사는 남편의 피묻은 옷을 속옷을 껴입었다고 해. 그녀의 비장한 각오가 엿보이지?

14년간 조국 독립을 위해 애쓰던 남자현 열사는 일본영사관 유치장에 감금되었고 6개월간 옥중에서 온갖 고문을 당하다 건강이 악화되어 석방되었어.

"사람이 죽고 사는 것이 먹는 데 있는 것이 아니고 정신에 있다. 독립은 정신으로 이루어지는 것이다."

"이 돈은 독립축하금이다. 만일 너의 생전에 독립을 보지 못하면 너의 자손에게 똑같은 유언을 해 내가 남긴 돈을 독립축하금으로 바치도록 하거라."

훗날 유족들은 1946년 3월 1일 서울운동장에서 거행된 3·1절 기념식장에서 김구, 이승만에게 이 돈을 전달했다고 해.

더 알아볼까요?

1. 독립군들을 지성으로 보살펴 '독립군의 어머니'라고 불리운 사람은? ……………
2. 일제가 만주사변을 일으켜 1932년 만주에 세운 괴뢰국은? ……………

① 정답: 남자현 ② 정답: 만주국

조국 독립을 위해 싸운 '독립군의 어머니' - 남자현

104 김마리아

"나는 대한의 독립과 결혼했다."

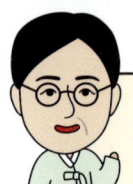

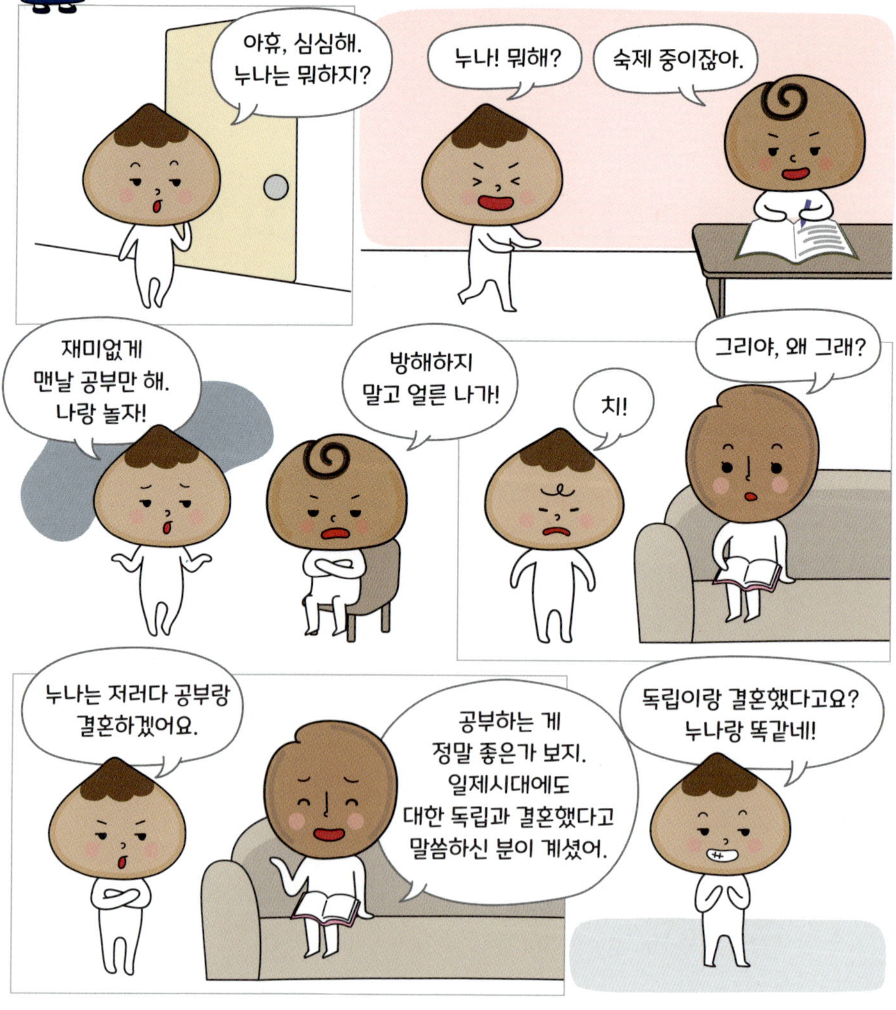

건강을 회복한 김마리아는 대한민국 임시정부 최초의 국회의원이 되었어. 그러나 독립운동 방법에 대한 의견이 나뉘며 사람들이 떠나자 김마리아여사도 공부를 위해 미국으로 떠나게 되었지.

이곳에서도 독립운동을 멈춰선 안 된다. 미국인들에게 일제의 조선 식민통치의 부당함을 고발하고 독립 정신을 일깨우자!

1932년이 되어서야 김마리아는 조국으로 돌아왔어. 신사참배 거부를 주도하며, 청년들을 대상으로 독립운동과 교육활동에 전념하였어.

일본이 우리 민족의 정신을 말살하기 위해 각지에 일본 신사를 설치하고 신사참배를 강요합니다.

우리는 절대 일본에 굴복할 수 없습니다.

일평생 조국의 독립과 광복을 위해 헌신한 김마리아는 광복을 지켜보지 못하고 고문 후유증으로 얻은 병이 악화되어 세상을 떠났지.

김마리아 같은 여성이 열 명만 더 있었다면 한국은 독립이 되었을 겁니다.

더 알아볼까요?

1. '대한민국 애국부인회'를 결성하여 항일 독립운동을 한 여성은? ....
2. 안창호가 '이런 여성이 열 명만 더 있었다면 한국은 독립이 되었을 것'이라고 평가한 항일운동가는? ....

정답 ① : 김마리아 정답 ② : 김마리아

"나는 대한의 독립과 결혼했다." - 김마리아

1930년대 일제의 식민지 수탈이 강화되어 우리 농촌은 무지와 가난으로 황폐해졌어. 이때 농촌계몽 운동에 자신의 삶을 헌신한 여성이 바로 최용신 선생이지.

"나라의 미래는 농촌을 계몽하여 발전시키는 것에 있다"

"농사를 지으면 1년 먹을 수확을 얻는데, 사람을 가르치면 백년치 수확을 얻는다."

최용신 선생은 1929년 신학교에 진학했는데 거기에서 황에스더 선생을 만나 농촌 계몽운동에 더욱 확고한 뜻을 가지게 되었지.

"YWCA(여성기독교청년회)에 들어와 함께 학생들에게 농촌 활동에 대해 알려주는 게 어때요?"

"그럼 수원에서 농촌 교육을 시작하고 싶습니다."

마을 사람들의 도움으로 학교 건물을 지어 교육의 혜택을 받지 못하는 농촌 어린이들을 가르쳤지. 낮에는 아이들을 가르치고, 밤에는 부녀들을 모아 가르쳤어.

"저 학교에서 한글 강습도 해주고 산술, 보건, 수예도 가르쳐 줍니다."

"우리는 농촌 생활에 필요한 재봉 기술도 배웠어요."

농촌 운동가이자 교육자 - **최용신**

최용신 선생은 애국심과 자립심을 북돋우는 의식계몽에도 힘을 기울였어. 방학 때면 인근 시골 교회를 순회하며 교육을 했지.

교육보다 생계를 잇는 일이 더 중요하다고 생각하는 농민분들의 의식을 바꿔야 합니다.

선생님 덕분에 샘골 마을이 하나가 됐습니다.

모두의 노력으로 마침내 천곡(샘골)학원이 완공되고 정식 교육기관이 되었어. 학생도 110여 명이나 되었지. 때문에 일제의 방해가 시작됐어.

천곡학원이 조선인의 민족 의식을 일깨우는 교육기관이 될지도 모르겠군.

강제로 수업을 정지시키겠습니다.

일제가 아무리 감시하고 탄압해도 조선어를 국어로 가르치고 우리가 조선인임을 잊지 않게 할 것이다.

최용신 선생은 이외에도 위생 생활과 생활개선, 지역사회 발전에 필요한 운동들을 전개했지.

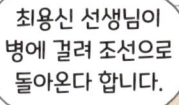

더 알아볼까요?

1. 최용신이 YWCA의 후원으로 파견되어 농촌 운동을 펼친 곳은? ....
2. 최용신을 모델로 쓰여진 심훈의 소설은? ....

106 권기옥
한국 최초의 여성 비행사

1919년 평양 숭의여학교 3학년에 편입한 권기옥은 비밀결사 모임인 '송죽회'에 가입하고 독립운동의 길을 걷게 됐어. 3·1 운동을 준비하다 유치장에 갇히기도 했지.

"만세 운동에 적극적으로 가담한 권기옥을 가둬라!"

이후에도 공채를 판매하며 그 자금을 임시정부에 송금하는 활동을 하다가 잡혀가 6개월의 실형을 받았지.

"혹독한 고문에도 절대 굴하지 않는군…"

"네놈들에게 협조하는 일은 결코 없을 것이다!"

출소 후에도 비밀리에 독립운동을 했다는 이유로 일제 경찰에게 다시 잡혀갈 위기에 처하자 밀항선을 타고 대한민국 임시정부가 있는 중국 상하이로 망명을 하게 되었어.

"우리에게 일본에 폭탄을 날릴 수 있는 비행사가 필요합니다."

"제가 비행사가 되어보겠습니다!"

하지만 중국에 있는 항공학교에 입학하는 일은 쉽지 않았어. 비행기가 없어 제대로 훈련을 받을 수 없기도 하고 여자라는 이유로 거절당하기도 했지.

중국 서남단 윈난성 쿤밍에 있는 운남육군항공학교에서 교육받을 수 있다고 합니다.

자네만 믿겠네!

권기옥은 마침내 비행술을 훈련받게 되었어. 그리고 일제에 중국의 운남육군항공학교에 실력 있는 여성 비행사가 있다는 소문이 퍼졌어.

그 조종사가 한국에서 독립운동을 하다가 망명한 권기옥이랍니다!

어떻게 잡아야 하지... 살인청부업자를 보내 암살하자.

일제 경찰의 위협 때문에 그들의 눈을 피해 몰래 훈련해야 했어. 그리고 무사히 운남항공학교 제1기 졸업생이 되었어.

하지만 대한민국의 공군이 되지는 못하겠군. 우리 임시정부는 공군을 조직할 만큼 자금이 없다네.

어쩔 수 없이 중국군의 비행사가 되어야겠네요.

1927년 봄, 중국 국민군의 항공대가 만들어지자 권기옥은 창설 멤버로 활약하였어. 10여 년간 중국 공군에서 복무하였지.

중국 국민당 정부의 육군참모학교 교관으로 임명되어

영어, 일본어, 일본인 식별법 등에 대해 강의를 하고 있지요.

중국 공군으로 일하면서도 한국광복군 비행대를 만들 구상을 쉬지 않았지. 미국 군대와 협력해 일본에 맞서 직접 전투에 참여할 계획도 세웠어. 그러던 중 광복이 되자 권기옥은 1947년 귀국하였어.

국회 국방위원회 전문위원이 되어 대한민국 공군 창설에 힘써주게.

네!

그녀는 6·25 전쟁 때 전선을 누볐어. 이 때문에 권기옥은 '공군의 어머니'라는 별명을 얻기도 했어.

젊은이들이여, 꿈을 가져라. 꿈이 있고 패기가 있으면 그 나라는 희망이 있다! 감히 다른 나라가 넘볼 수 없다.

더 알아볼까요?

1. 우리나라 최초의 여성 비행 조종사로 '공군의 어머니'로 불린 사람은? ....
2. 평양 숭의여학교 학생들을 중심으로 만들어진 비밀결사 모임은? ....

① 정답 : 권기옥 ② 정답 : 송죽회

한국 최초의 여성 비행사 - 권기옥

107 나혜석
일제강점기 최초의 여성 서양화가

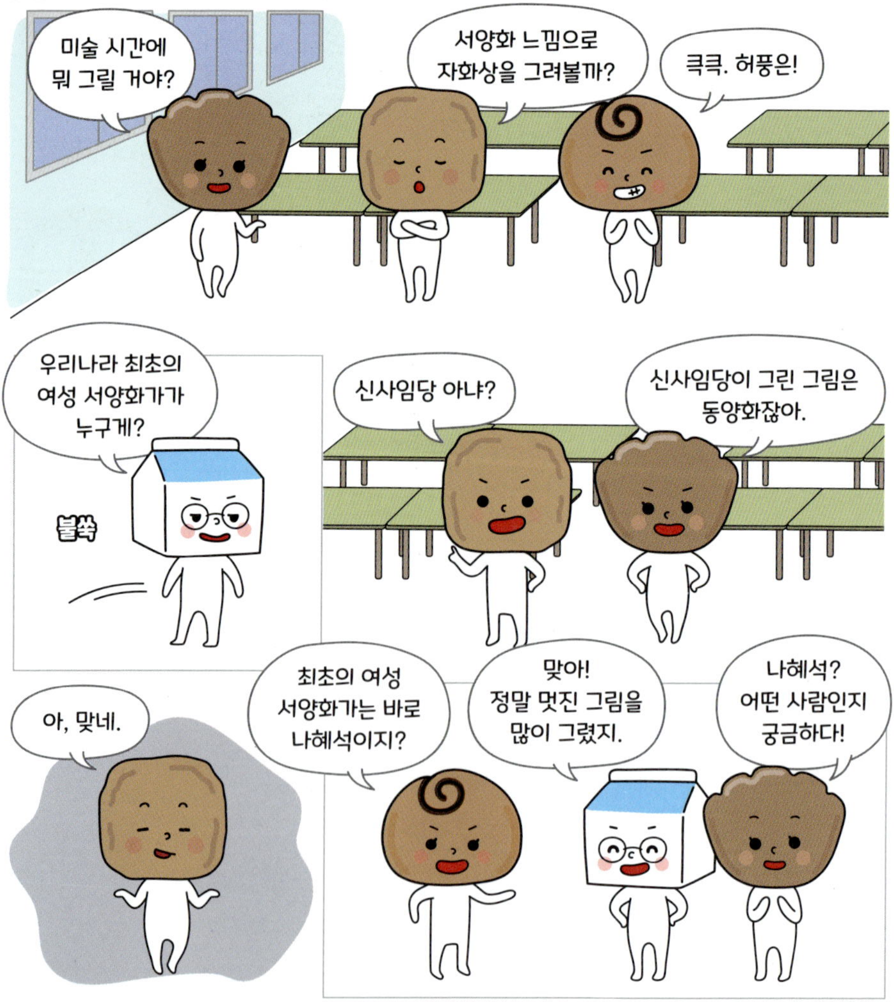

108 강우규
65세의 백발 투사

> 더 알아볼까요?
>
> 1. 강우규가 가입한 항일독립운동 단체는? ....
> 2. 서울역에서 강우규가 폭탄을 던져 죽이려고 했던 일본 총독은? ....

① 정답: 대한국민노인동맹단 ② 정답: 사이토 마코토

65세의 백발 투사 - 강우규

109 손병희
동학을 천도교로 바꾸다

백성을 위해 싸우자!

손병희 선생은 22세에 동학에 입교하고 동학의 지도자까지 되었어. 동학농민혁명이 일어날 때에는 전봉준과 연합전선을 형성해 일본군과 관군에 대항하여 공주 우금치전투를 벌이기도 했지.

하지만 농민군이 패하고 동학의 2대 교주인 최시형이 체포되어 처형되자 손병희 선생은 은신하여 몸을 숨겼지.

지금은 몸을 숨겨 사태를 수습하고 조직을 재정비하는 데 힘써야 한다…!

손병희 선생은 백성에게 동학으로 가르치고 정치, 경제 등 사회적인 개혁을 통해 이상 사회를 건설하고자 했으나 그가 일본에 망명 가 있는 동안 동학은 친일파에게 이용당해 도리어 친일단체가 되어버렸어.

정치적인 것을 버리고 오직 종교로써 다시 시작해야 한다.

이용구와 송병준 등 친일파를 내쫓고 교명을 천도교로 바꾸어 새로운 교리와 체제를 확립하겠다!

동학을 천도교로 바꾸다 - 손병희

그 뒤 서울 시내는 만세 소리와 태극기 물결로 요동쳤지. 서대문형무소로 이감된 손병희 선생은 보리밥과 콩밥으로 연명했어. 감옥에 갈 때 손병희 선생의 나이는 59세로 건강이 별로 좋지 않았지.

결국 뇌출혈이 일어나 반신불수가 되고 말았어. 일제 법원에서는 마지못해 집행정지 결정을 내려 출감하게 됐지.

징역 3년형이지만 의식도 없는 자를 수감하여 뭐하겠나. 집행정지 처분을 내릴 테니 데리고 나가게.

손병희 선생 끝내 병을 회복하지 못하고 1922년 5월 19일 마침내 가족과 교인들이 지켜보는 가운데 향년 62세를 일기로 숨을 거두고 말았어.

더 알아볼까요?

1. 동학의 3대 교주로 동학의 이름을 천도교로 바꾼 사람은? ....
2. 손병희와 민족 대표가 서명한 독립선언서를 낭독한 장소는? ....

110 방정환

어린이의 영원한 벗

"일제의 검열 때문에 어떤 때는 수많은 원고들이 통째로 삭제당하곤 합니다."

"어린이를 위한 잡지마저 일제의 탄압을 받다니 가슴이 아픕니다."

"어린이를 위해 할 수 있는 일이 더 없을까?"

"어린이의 날을 만드는 건 어떨까?"

그래서 방정환 선생은 여러 사람과 의논하여 5월 1일을 어린이 날로 정했어. 지금은 5월 5일로 바뀌었지.

"제1회 어린이날 행사가 천도교 강당에서 열렸습니다."

"천 명 가까이 되는 어린이가 모였다죠?"

"어린이는 나라의 미래요, 기둥입니다. 어린이들이 바르고 귀하게 자랄 수 있도록 우리 어른들이 있는 힘을 다합시다."

어린이를 위해 온 힘을 쏟던 방정환은 어느 날 출근 길에 쓰러져 결국 서른두 살의 나이로 세상을 떠나고 말았어.

더 알아볼까요?

1. '어린이'라는 말을 처음 쓰며 '어린이 날'을 제정한 사람은? ....
2. 방정환이 창간한 어린이를 위한 잡지는? ....

① 정답 : 방정환 ② 정답 : 어린이

어린이의 영원한 벗 – **방정환**

111 조만식

'조선의 간디'로 불리다

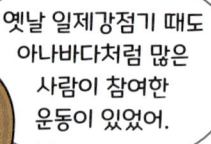

일제에 타협하지 않는 독립운동을 위해 '신간회'라는 단체를 만드는 데 앞장섰어. '신간회'의 회원 수는 약 4만 명이 되었고 전국에 149개의 지회가 세워졌어.

민족주의자와 사회주의자가 힘을 합쳐 민족 운동 단체 신간회를 만들었지.

신사참배와 지원병제도에 끝까지 거부하던 중 1941년 태평양전쟁이 끝나고 드디어 광복을 맞이하게 되었어.

전쟁에서 진 일본인에게 해를 입히는 일은 하지 맙시다.

또 조선 동포끼리 사사로운 복수를 하지 말고, 서로 뜻을 모아 새로운 사회를 만드는 데 힘써야 합니다.

선생님, 남쪽으로 가시는 게 어떻습니까?

아닙니다. 저는 북한에 사는 동포들과 함께 하겠습니다.

광복 후 민족 정부 수립을 준비했지만 그는 북한에 있는 동포들과 뜻을 함께 하기로 했지.

더 알아볼까요?

1. 조만식을 중심으로 평양에서 시작된 국산품애용운동은? ……………………
2. 1927년 분열된 민족 운동을 통합하기 위해 조직된 단체는? ……………………

정답 ① : 물산장려운동 정답 ② : 신간회

'조선의 간디'로 불리다 - 조만식

112 이상재
기독청년운동을 이끌고 신간회 회장이 되다

1902년 6월 이른바 '개혁당' 사건으로 또 다시 체포되어 구속되었어. 이때 감옥에서 이승만을 만나고 감옥 동지들과 함께 이후 여러 활동을 해나갔어.

독립협회 잔존세력과 일본망명객들이 연대하여 정부를 개조하려 했다며 감옥에 가뒀습니다.

이렇게 만나게 된 것도 인연이니 앞으로 함께 활동합시다.

1904년 4월 석방되고 나서 황성기독교청년회(현 YMCA)에 가입하여 교육사업에 전념할 뜻을 밝히고 청년운동과 구국교육운동을 활발하게 펼치게 되었지.

일제가 YMCA도 해체하려고 합니다.

YMCA를 지키고 조선기독교청년회 전국연합회를 조직해야겠습니다.

YMCA는 1919년 3·1 운동 때 중요한 역할을 하였지. 비폭력, 무저항주의 혁명운동이라는 3·1 운동의 정신은 이상재가 이루어 놓았지.

3·1 운동 직후 일제가 민족 대표 33인도 아닌 이상재를 체포하여 구금하다니! 그의 역할 때문인가...

"YMCA를 중심으로 젊은이들에게 민족 정신과 신앙심을 심어 주며 민족의 독립을 꿈꾼다!"

이상재 선생은 물산장려운동, 학생청년회운동 등을 열심히 펼치면서 각종 강연회, 토론회 등을 주도해 나갔어.

"민족주의 진영과 사회주의 진영의 독립운동을 통합하기 위해 신간회를 결성하였소."

"그리고 이상재가 신간회의 창립회장이 되었습니다."

하지만 안타깝게도 신간회 회장을 수락한 지 2개월 만에 향년 78세로 생을 마감하였어.

"일제 치하에서도 민족의 얼과 정신을 드높이신 분이셨죠."

"사상과 신념이 다를지라도 서로가 한마음으로 손잡고 나아가게 한 참된 민족의 지도자였지요."

더 알아볼까요?

1. 1927년 결성되어 이상재를 초대회장으로 추대한 단체는? ....
2. 이상재가 청년운동과 구국교육운동을 펼친 기반이 된 조직은? ....

① 정답 : 신간회 ② 정답 : YMCA

기독청년운동을 이끌고 신간회 회장이 되다 - 이상재

113 나운규
독립운동가이자 영화계의 선구자

1919년 3·1 운동이 일어나자 간도 명동중학생들을 중심으로 회령의 만세 운동이 시작됐어. 나운규도 회령 만세 운동에 참여했다가 경찰의 수배를 받게 됐지.

이후 나운규는 독립군 단체의 하나인 도판부에 가입했어. 도판부는 독립군이 간도에서 회령으로 진격하기 전 터널이나 전신주를 파괴하는 임무를 맡았지.

그는 서울에서 연희전문학교에 입학하기 위해 준비했지. 그러나 일본군이 도판부 책임자 박용규와 나운규 등 관련자들까지 체포했어.

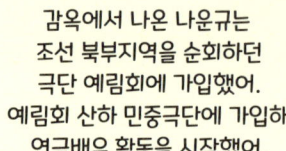

더 알아볼까요?

1. 나운규가 1926년 제작, 감독, 주연을 맡아 흥행에 성공한 영화는? ……………
2. 영화 「아리랑」이 처음 상영된 극장은? ……………………………………………

정답 ① 아리랑 ② 정답: 시사 중앙 관사

독립운동가이자 영화계의 선구자 - **나운규**

# 114 김좌진
청산리전투의 영웅

김좌진 장군은 나라의 국권을 회복하기 위해서 백성들을 일깨우고 나라를 부강하게 만들어야 한다는 사실을 깨달았어.

나라를 다시 일으켜 세우는 길은 교육에 있다! 교육하기 위해서 학교를 세워야 한다!

내 집을 학교 건물로 사용하여 호명학교를 세우자.

이 학교에서 민족 정신과 애국 정신을 심어주어야지!

김좌진 장군은 자신의 집을 학교 건물로 내놓고 정작 자신은 작은 초가집에서 살았어. 또 교육 운동과 계몽 운동 단체에 참여해서 국권 회복을 위해 온 힘을 쏟았어.

일제에게 우리 국권을 완전히 빼앗겼습니다.

나라를 구하기 위해서는 무력이 필요합니다! 간도에 무관학교를 세워 독립군을 양성합시다.

김좌진 장군도 여기에 동참하여 무관학교를 세우기 위한 군자금을 모금하다 일제 경찰에 잡혀 서대문 감옥에서 2년 6개월 동안 옥살이를 하기도 했어.

일주일 동안 10여 차례의 전투가 치러졌는데 독립군 부대는 모든 전투에서 승리했어. 이것을 '청산리대첩'이라 불러.

독립군을 쓸어버리기 위해 만주 일대의 독립군 부대와 한인 마을을 무차별 공격하라...!

청산리대첩 이후 일본에 의해 일어난 이 일을 간도 참변이라고 해. 많은 민간인 사상자가 생겼어. 이 일로 독립군은 와해되었지.

다시 만주에서 '신민부'라는 군사 단체를 만들어 더 크고 강한 독립군 부대를 만들리라!

미안하지만 당신은 여기까지요!

할 일이 너무도 많은 이때에 죽어야 하다니 그게 한스럽구나...

탕!

김좌진 장군은 변절자에게 총탄을 맞고 41세의 나이에 생을 마감했어. 죽는 순간까지 나라를 위해 더 많은 일을 하지 못해 슬퍼했다고 해.

더 알아볼까요?

1. 북로군정서군을 이끌고 청산리전투에서 일본군을 크게 무찌른 사람은? ....
2. 김좌진 장군이 자기 고향에 세운 학교는? ....

정답 ① : 김좌진 정답 ② : 호명학교

청산리전투의 영웅 - **김좌진**

115 홍범도
잊을 수 없는 영원한 독립군 장군

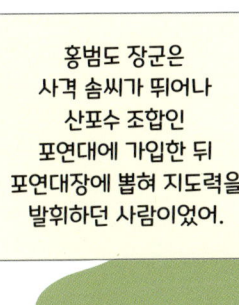

홍범도 장군은 사격 솜씨가 뛰어나 산포수 조합인 포연대에 가입한 뒤 포연대장에 뽑혀 지도력을 발휘하던 사람이었어.

"일제가 우리나라의 주권을 빼앗고 군대를 해산시켰다!"

"뜻이 맞는 포수들과 해산된 군인들을 모아 의병을 일으키자!"

"홍범도 부대가 우리 금광을 습격해 금괴를 빼앗아갔습니다!"

"군자금으로 쓰려고 하는군! 어떻게든 잡아야 한다!"

홍범도 부대는 수시로 일본군을 습격하여 일제를 당혹하게 만들었지. 한편으로 친일파와 일본군, 관료들을 응징하기도 했어.

"홍범도에게 집으로 돌아오라는 편지를 보내래도!"

"내가 죽는 한이 있어도 너희들에게 협조하는 일은 없을 것이다...!"

홍범도 장군의 아내는 일제에게 고문을 받다 그만 죽고 말았어. 둘째 아들도 고문 후유증으로 폐병을 앓다 죽고 첫째 아들은 일본군과 싸우다 전사했지.

잊을 수 없는 영원한 독립군 장군 - **홍범도**

"블라디보스토크에서 독립운동 자금 마련하려면 부두와 광산에서 일하는 것도 문제 없지."

이런 비극 속에서도 홍범도 장군은 무장 투쟁을 이어갔지. 장기적인 투쟁을 위한 무기를 구입하기 위해 1910년 고국을 떠나 러시아로 향했어.

"우리 땅에서 3·1 운동이 일어났다고 합니다!"

"지금이 우리가 나설 때다! 간도로 돌아가 대한독립군을 편성해 무장 투쟁을 시작하자!"

그러나 러시아는 한인 독립군 부대가 러시아 땅에 있는 것을 허용하지 않아 간도로 옮기게 됐지.

"여기는 우리 땅이니 우리가 일본군보다 유리하다! 봉오동에 쳐들어온 일본군을 기습한다!"

대한독립군이 여러 차례 전투에서 승리를 거두자 일본군은 진압하기 위해 대한독립군이 주둔하고 있는 봉오동을 공격했지.

116 최진동 삼형제

봉오동전투 총사령관

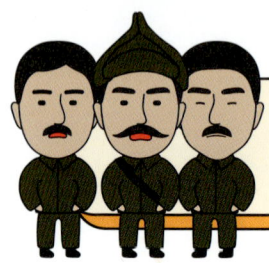

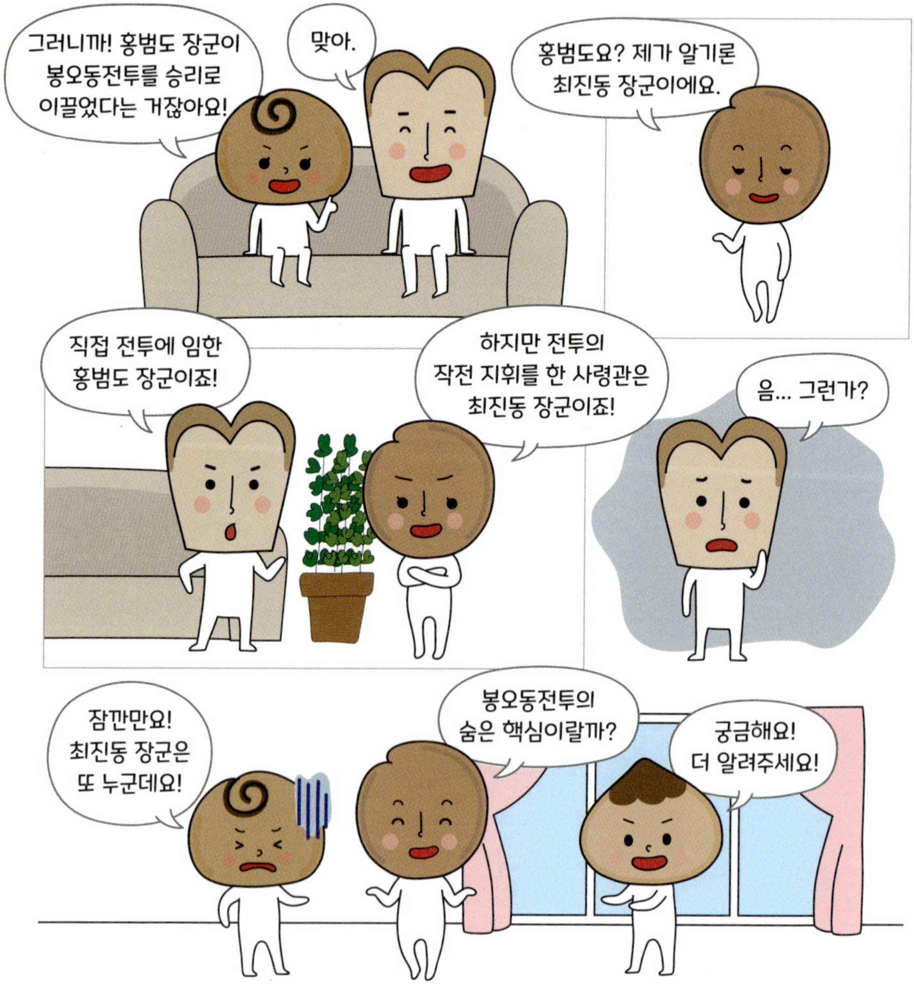

두 전투에서 대패한 일본군이 독립군 기지가 있던 만주 일대 한인 마을 사람들을 무참히 살해한 경신 대참변 이후 독립군은 다른 길을 찾기 위해 러시아로 떠났지.

10개의 독립군 부대 약 3천500명으로 '대한독립군단'을 조직합시다.

최진동이 외교 부장을 맡아주시오.

그러나 러시아의 배신으로 해체됐고 최진동은 연변지방에 무장대를 파견하거나 군자금을 모금하는 등 다양한 활동을 했어.

중국으로 들어가 땅도 사고 다시 독립군을 모아 보겠소.

부디 조심하게.

최진동 삼형제는 독립을 위해 힘써 싸운 인물들이지만 결국 일본에 끌려가 모진 고문을 당하다 후유증으로 세상을 떠나고 말았지.

일본은 전쟁에서 이길 수 없다. 우리 조선은 반드시 독립할 것이다.

내가 독립을 보지 못하고 죽으면 봉오동 근처에 묻어 다오.

네, 아버지.

더 알아볼까요?

1. 봉오동전투를 승리로 이끈 독립군 연합부대는? ....
2. 대한북로독군부의 사령관으로 홍범도, 김좌진과 함께 활동한 독립운동가는? ....

정답 ① 대한북로독군부 ② 최진동

봉오동전투 총사령관 – 최진동 삼형제

117 안창호

대한민국 임시정부의 주역

안창호 선생은 25세에 미국으로 유학을 떠나 초등학교부터 다시 공부를 시작했어. 그곳에서 미국 한인 사회의 단결을 위해 애썼어.

"가난하고 힘겹게 살아가는 교민들을 보며 내가 해야 할 일이 무엇인지 깨달았다. 그들을 계몽시키는 일에 힘써야겠구나!"

을사늑약이 체결되자 조국의 현실을 두고 볼 수 없었던 안창호 선생은 고국으로 돌아와 여러 곳에서 연설을 하고 다니며 애국심을 불러일으켰어.

"나라를 살리는 길은 첫째, 나라를 사랑하는 마음을 기르고, 둘째 스스로 힘을 기르는 것입니다. 힘이란 무력이 아니라 배워서 아는 것, 그것이 진정한 힘입니다."

"나라가 없으면 나도 없다. 나라가 힘이 있어야 나도 힘을 얻을 수 있다."

"학교를 세워 사람들을 가르치고 경제적인 힘을 갖기 위해 도자기 회사를 만들어야지."

안창호 선생은 1907년 '신민회'라는 비밀 단체를 만들어 독립운동을 펼쳐나가기도 했지. 일제의 감시 속에서도 나라를 구하기 위한 여러 가지 활동을 계속했어.

대한민국 임시정부의 주역 – 안창호

"대한인국민회 중앙총회"를 통해 국외 교포들과 관련된 일을 논의하고 있소.

대사관 같은 역할을 하고 있는 거군요.

한편 세계 각 지역의 동포들을 모아 '대한인국민회 중앙총회'를 조직하여 민족운동을 이끌어 나갔어.

그리고 '흥사단'이라는 단체를 세워 청년들을 바른 지도자로 키워야겠소.

선생님, 대한에서 3·1 운동이 일어났다고 합니다.

이렇게 기쁠 수가! 바로 독립 자금을 모금해 상하이에 있는 대한민국 임시정부에 전달해야겠소.

안창호 선생이 모아준 자금으로 상하이 임시정부의 건물을 지을 수 있었습니다.

독립군 조직을 임시정부 아래로 통합하여 독립운동의 힘을 한데 모읍시다.

3·1 운동 이후 한성, 블라디보스토크, 상하이에 각각 임시정부가 수립되었어. 안창호는 3개의 임시정부를 통합하여 상하이에 통일된 임시정부를 세웠어.

모두 잡아들여라!

1932년 상하이 훙커우 공원에서 윤봉길 의사의 의거가 일어나자 일제는 상하이에 있는 독립운동가들을 마구 잡아들였고 이때 안창호도 붙잡혀 갔지.

독립운동을 하지 않겠다고만 하면 풀어 주겠다.

나는 우리나라의 독립을 위해 먹고 자는 사람이오. 앞으로도 독립운동을 멈추지 않을 것이오.

이런...! 안창호를 독방에 가둬라!

독방에 갇힌 안창호 선생은 안타깝게도 그만 병을 얻고 말았어. 병보석으로 풀려났으나 1938년 3월 10일 영원히 눈을 감고 말았지.

잃어버린 나라를 위해, 또 나의 동포들을 위해 이 한 몸 바치리.

더 알아볼까요?

1. 안창호가 독립운동을 위해 조직한 비밀 단체는? ....
2. 흥사단을 조직하여 청년들을 지도자로 키우고자 노력한 사람은? ....

정답 ① 신민회 ② 정답: 도산 안창호

118 양기탁
독립운동의 큰 어른

양기탁이 독립을 외치다 또 체포되었답니다.

아이고, 우리 아들이 또...!

휘청

이 소식을 들은 양기탁 선생의 어머니는 충격으로 사망했고 장례를 치르도록 선생의 외출이 허락됐지.

이 기회에 만주로 망명을 가야겠다. 어머니, 죄송합니다. 불효자를 용서하십시오!

만주에서 다시 독립군을 만듭시다. 여러 단체들을 통합해 통의부를 창설하고 독립운동을 이어갑시다!

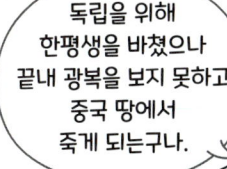

독립을 위해 한평생을 바쳤으나 끝내 광복을 보지 못하고 중국 땅에서 죽게 되는구나.

그의 인생 전체가 우리나라 독립운동의 역사였어. 독립협회, 대한매일신문, 국채보상운동, 신민회, 대한민국 임시정부 주석, 민족혁명당 등 모든 독립운동사에 빠질 수 없는 인물이었지.

더 알아볼까요?

1. 우리나라 최초의 영한 사전을 편찬한 서양 선교사는? ....
2. 양기탁과 베델이 함께 창간한 신문은? ....

정답 ① : 게일   정답 ② : 대한매일신보

독립운동의 큰 어른 - 양기탁

119 이승훈

오산학교를 세운 민족 교육가

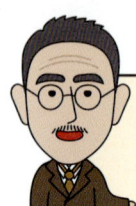

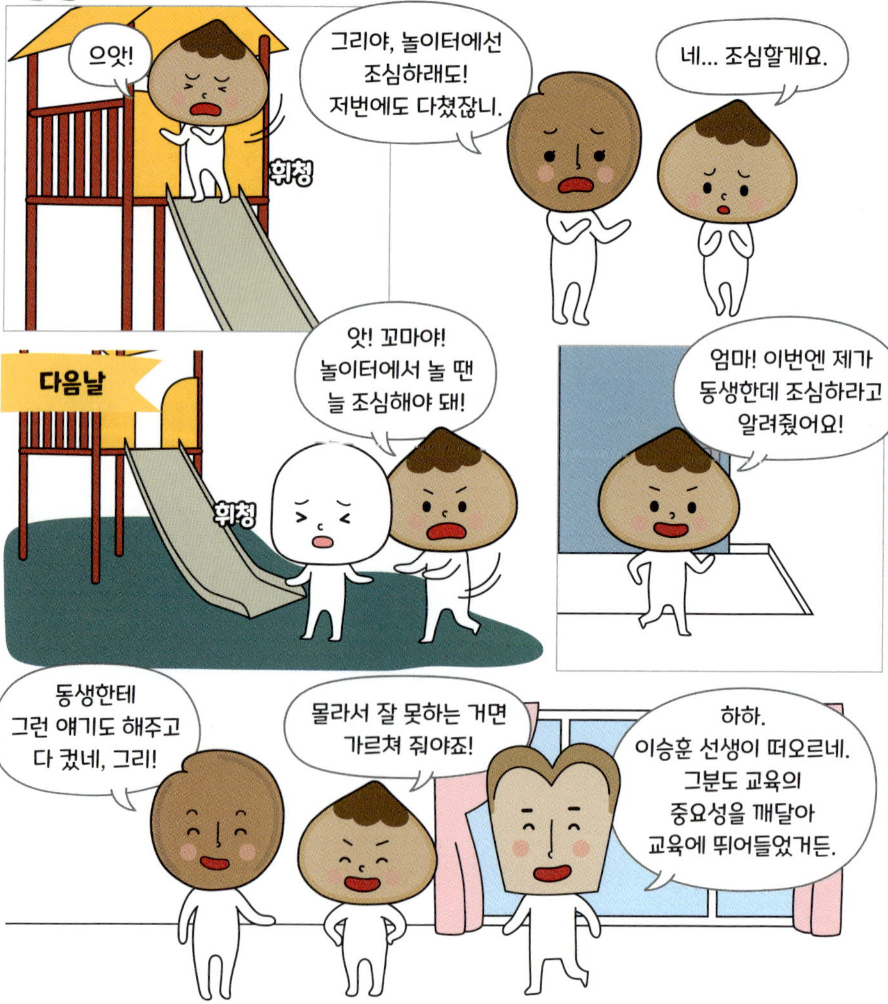

그리고 1926년 고향인 정주로 내려가 오산학교의 일에만 전념했어.

내 땅을 내놓아 모두가 공유하며 농사짓게 해야겠다. 오산학교를 중심으로 이상적인 공동체를 만들어야지.

또한 동아일보사의 제4대 사장으로 언론 활동을 하며 조만식과 함께 '물산장려 운동'을 주도했지.

우리나라 물건을 사용해 우리나라 경제를 살립시다!

낙심하지 말고 광복을 위해 힘쓰시게. 내가 죽으면 땅에 묻지 말고 생리학 표본으로 학생을 가르치는 데 사용하게.

이승훈 선생은 세 번에 걸친 감옥살이를 하며 오직 민족의 독립을 위해 생을 바친 분이야. 말보다 실천이 앞선 운동가, 진정한 교육자라고 할 수 있지.

더 알아볼까요?

1. 이승훈이 민족 지도자를 양성하기 위해 정주에 세운 학교는? ....
2. 3·1 운동 당시 민족 대표 33인 가운데 기독교계를 대표한 사람은? ....

① 정답 : 오산학교   ② 정답 : 이승훈

오산학교를 세운 민족 교육가 - 이승훈

120 김원봉
의열단을 만들어 일제의 심장에 폭탄을 던지다

아빠, 이게 다 범죄자들이에요?

그럼. 현상금을 걸어서 범죄자를 더 잘 잡게 하려는 거야.

얼마나 큰 잘못을 했길래 현상금까지 걸린 걸까요?

일제 강점기 때 제일 높은 현상금이 걸린 독립 투사가 있었어.

네? 그럼 그 사람도 엄청난 잘못을 한거예요?

아니지! 그만큼 우리나라의 독립을 위해 많은 일을 했다는 거겠지.

너희 의열단 알지? 그 의열단을 조직한 김원봉 열사야.

의열단은 어떻게 생겨난 거예요?

그건 말이지!

의열단은 일제가 가장 경계하고 두려워하는 항일단체가 되었고 김원봉 열사는 일제 경찰의 체포 대상이 되었어.

"김원봉에게 현상금까지 걸렸다더군."

"지금까지 걸린 현상금 중 가장 높은 금액이라죠?"

"암살과 파괴만으로는 독립을 앞당길 수 없겠다. 일제에 대항할 군대를 만들어야 한다!"

1926년 황푸군관학교에 들어가 체계적인 군사 훈련을 받고 중국 국민당 정부 사람들도 만나며 조직적인 군대를 만들기 위해 노력했어.

1932년 중국 국민당 정부의 도움을 받아 조선인혁명간부학교를 세워 많은 청년들을 독립운동가로 길러냈어.

1921년 9월, 의열단원 김익상이 전기공 차림으로 변장하고 조선총독부 건물 안에 들어가 2층에 있는 사무실 두 곳에 폭탄을 던졌어.

"조선총독부에 폭탄을 던지고 무사히 빠져나왔습니다."

"베이징으로 가서 일본 육군 대장 다나카의 암살 준비를 하고 있게."

"크, 모두 빗나갔구나!"

탕 탕

붙잡힌 김익상은 조사 과정에서 조선총독부 폭탄 사건을 일으킨 인물이란 것이 밝혀져 온갖 고문을 당하였지. 감옥에서 21년 만에 석방되었지만 조선총독부 형사에게 끌려가 그 뒤로 김익상을 본 사람은 없다고 해.

"범인은 김상옥이 아닐까 싶습니다."

"수배를 내리게!"

1923년 1월, 종로 경찰서에 폭탄이 터지는 일이 벌어졌어. 일제는 이 사건을 일으킨 사람을 찾으려 했지만, 도무지 누가 했는지 알 수 없었어.

김상옥은 일본에서 열리는 제국 의회에 참석하러 경성을 떠나는 조선 총독에게 폭탄을 던지려고 숨어 있다가 일제 경찰에게 발각되었어.

"김상옥이 여기 있습니다!"

"일제에게 잡혀가느니 차라리 죽음을 택하겠다...!"

1926년 12월, 남대문 근처의 조선식산은행과 동양척식주식회사에 폭탄이 터졌어. 나석주 의사의 의거였지.

"나를 잡으러 온 경찰 7명을 죽였으니 일제에 잡혀가 고문당하느니 나도 스스로 세상을 떠나야겠다!"

"자기 목숨을 조국의 독립과 바꾸고자 한 이들의 의거 활동은 우리나라 독립의 씨앗이 되었습니다."

나석주 의거 이후 의열단은 개인의 의거 활동보다는 조직적인 무장 투쟁이 더 중요하다고 생각해 투쟁 방법을 무장 단체 활동으로 전환하였어.

더 알아볼까요?

1. 종로 경찰서에 폭탄을 투척하고, 추격하는 일제 경찰과 시가전을 펼친 인물은? ....
2. 의열단의 이념과 운동방략을 선언한 '조선혁명선언'을 쓴 사람은? ....

박재혁 · 최수봉 · 김익상 · 김상옥 · 김지섭 · 나석주 — **용감한 의열단원들**

122 조명하
나는 삼한의 원수를 갚았노라

● 더 알아볼까요?

1. 조명하 의사가 일왕의 장인을 습격한 의거를 일으킨 곳은? ....
2. '나는 삼한의 원수를 갚았노라'는 유언을 남기고 형장의 이슬로 사라진 의사는? ....

① 정답 : 대만(타이페이) ② 정답 : 조명하

나는 삼한의 원수를 갚았노라 - **조명하**

123 이봉창

일왕에게 수류탄을 던지다

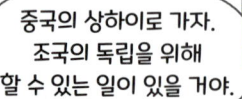
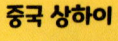

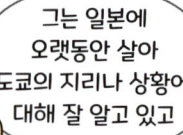

1932년 1월 8일.
일왕이 요요기 연병장을 방문했어.
그곳엔 일본 왕을 보러
많은 사람이 몰려들었고
헌병과 경찰들이 삼엄한
경비를 펼치고 있었어.
그때 수류탄 하나가 날아들었어.

콰광

대한 독립 만세!

저놈을 잡아라!

아수라장 속에서
간신히 목숨을 건진 일왕은
허겁지겁 현장을 빠져나갔어.
그리고 진짜 조선인이 된
이봉창 의사는 체포된 후
당당히 재판을 받았어.

나는 일본 왕
개인을 미워하지 않소.
그러나 내 나라를 짓밟고
세상을 전쟁으로 몰아넣은
일본 왕을 증오하오.
그를 세상에서 없애는 것이
내 나라를 되찾는 길이고,
세상을 구하는 일이라고
확신하오.

'대역죄'의 명목으로
사형을 선고받고
1932년 10월 10일에
이치타니 형무소에서
순국했지.

▶ 더 알아볼까요?

1. 일본 도쿄에서 일왕에게 폭탄을 던져 죽이려고 한 항일 투사는? ....
2. 김구 선생이 이끌던 대한민국 임시정부가 위치한 곳은? ....

① 정답 : 이봉창 ② 정답 : 중국 상하이

일왕에게 수류탄을 던지다 - 이봉창

124 윤봉길

상하이 홍커우 공원에서 일제에 항거하다

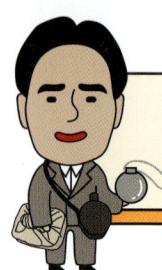

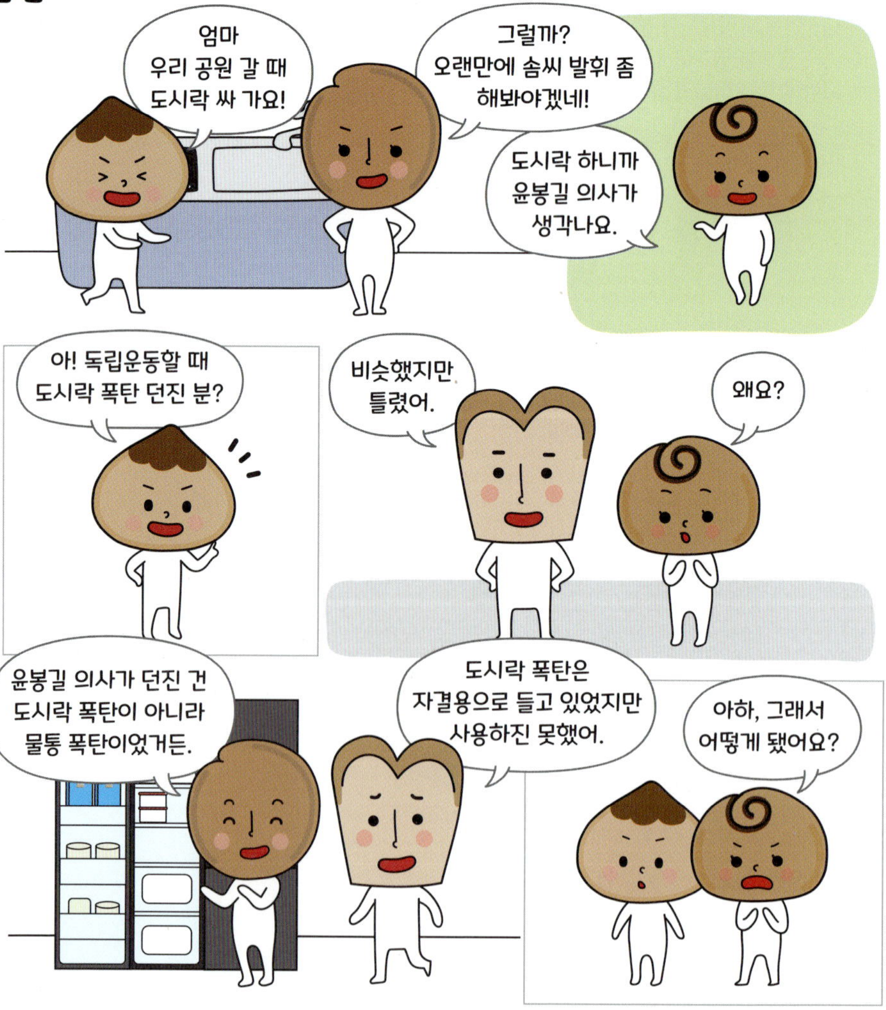

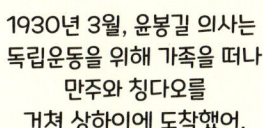

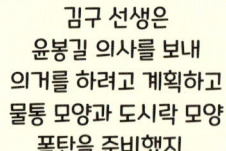
김구 선생은 윤봉길 의사를 보내 의거를 하려고 계획하고 물통 모양과 도시락 모양 폭탄을 준비했지.

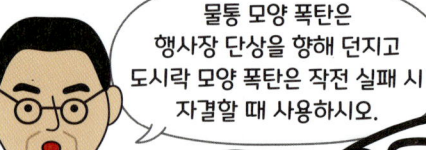
물통 모양 폭탄은 행사장 단상을 향해 던지고 도시락 모양 폭탄은 작전 실패 시 자결할 때 사용하시오.

오래된 선생님의 시계와 선생님께서 사 주신 저의 새 시계를 바꾸지요.

왜 그런 말을 하시오?

제 시계는 앞으로 몇 시간밖에 쓸 일이 없으니까요.

홍커우 공원 단상 위에는 중국 주둔 일본군 총사령관 시라카와 대장, 해군 총사령관 노무라 중장과 우에다 중장, 주중공사 시게미쓰, 일본거류민단장 카와바다, 상하이총영사 무라이 등이 있었어.

조국의 원수...! 폭탄을 받아라!

> 더 알아볼까요?

1. 김구 선생이 만주사변 후 일제에 항거하기 위해 조직한 비밀 단체는? ....
2. 중국 홍커우 공원에서 폭탄을 던져 의거를 일으킨 사람은? ....

정답 ① 한인애국단 정답 ② 윤봉길

상하이 홍커우 공원에서 일제에 항거하다 - **윤봉길**

125 백정기

'육삼정 의거'의 무정부주의자

베이징으로 다시 돌아가 이회영, 유자명, 신채호 등과 자주 접촉하며 이상적인 농촌사회 건설에 참여하는 등 무정부주의 활동을 펼쳐 나갔지.

"어떠한 강권이나 지배에 반대하고 민중의 행동에 의한 사회혁명을 통해 개인의 절대 자유가 보장되는 평등 사회를 지향합시다!"

1932년 2월에는 비밀단체인 자유혁명자연맹을 'BTP(흑색공포단)'으로 변경하고 일제에 대한 암살과 파괴 공작을 추진했어.

"일제 관련자들과 친일파, 밀고자, 밀정을 모두 처단합시다."

"이회영을 밀고해 죽음에 이르게 한 연충렬과 이규서를 잡아들이겠습니다!"

같은 해 4월 윤봉길 의사의 훙커우 공원 폭탄 투척 사건 당시에 백정기 의사도 같은 시도를 준비했지만 입장권을 구하지 못해 실패했어.

"나 말고도 이 순간을 노린 독립운동가가 있었구나."

"일본 총사령관의 목숨을 뺏고 잡혀가는 사람은 나였어야 했는데, 미안하오!"

1933년 주중일본대사인 아리요시 등 일제 요인들이 상하이에 있는 일본 요리집 육삼정에서 연회를 연다는 소식을 들었어.

일제 요인들을 한 번에 없앨 수 있는 기회요...!

큰일입니다. 경찰들에게 포위됐습니다!

그러나 사전에 이를 알고 들이닥친 일제 경찰에 붙잡혀 실패로 끝났지. 이것이 유명한 '육삼정 의거'야.

백정기에게 무기징역을 선고한다!

조국의 자주 독립이 오거든 나의 유골을 해방된 조국 땅 어디라도 묻어주고, 무궁화 꽃 한 송이를 무덤 위에 놓아 주기 바라오.

구마모토 형무소에서 복역하던 중 1934년 6월 5일 지병인 폐결핵이 악화되어 39세를 일기로 순국했어. 마지막 유언을 따라 효창공원에 안치하게 되었지.

더 알아볼까요?

1. 서울 효창공원에 이봉창, 윤봉길과 함께 '삼의사의 묘'에 묻힌 독립운동가는? ....
2. 백정기 의사가 주중일본대사 아리요시를 습격하려다 실패한 의거는? ....

① 정답 : 백정기   ② 정답 : 육삼정 의거

'육삼정 의거'의 무정부주의자 – **백정기**

126 박차정
의열단에 합류한 여성 항일 독립운동가

1935년 7월, 난징조선부녀회를 결성하고 여성 독립운동가들을 키우는 일에 힘썼어.

여성들이 진정한 자유와 평등을 쟁취하기 위해서는 일본제국주의를 타도해야 한다!

윽...

그 후 1939년 2월 조선의용대원으로 곤륜산 전투에 참가하여 큰 부상을 입게 됐어.

부상 후유증으로 고생하다 타국 땅에서 눈을 감는구나.

박차정 의사는 남편 김원봉 열사가 해방 이후 북한에서 활동했기 때문에 그동안 제대로 된 평가를 받지 못하다가 1995년에야 유관순 열사에 이어 두 번째로 대한민국 건국훈장 독립장을 수여받았어.

더 알아볼까요?

1. 김원봉 열사의 아내로 의열단에서 함께 항일 투쟁을 한 여성 독립운동가? ....
2. 이른바 '근우회 사건'의 주동자로 지목되어 옥고를 치른 여성 독립운동가? ...

① 정답 : 박차정   ② 정답 : 박차정, 우봉운

의열단에 합류한 여성 항일 독립운동가 - **박차정**

127 심훈

문학으로 독립운동을 펼치다

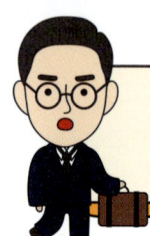

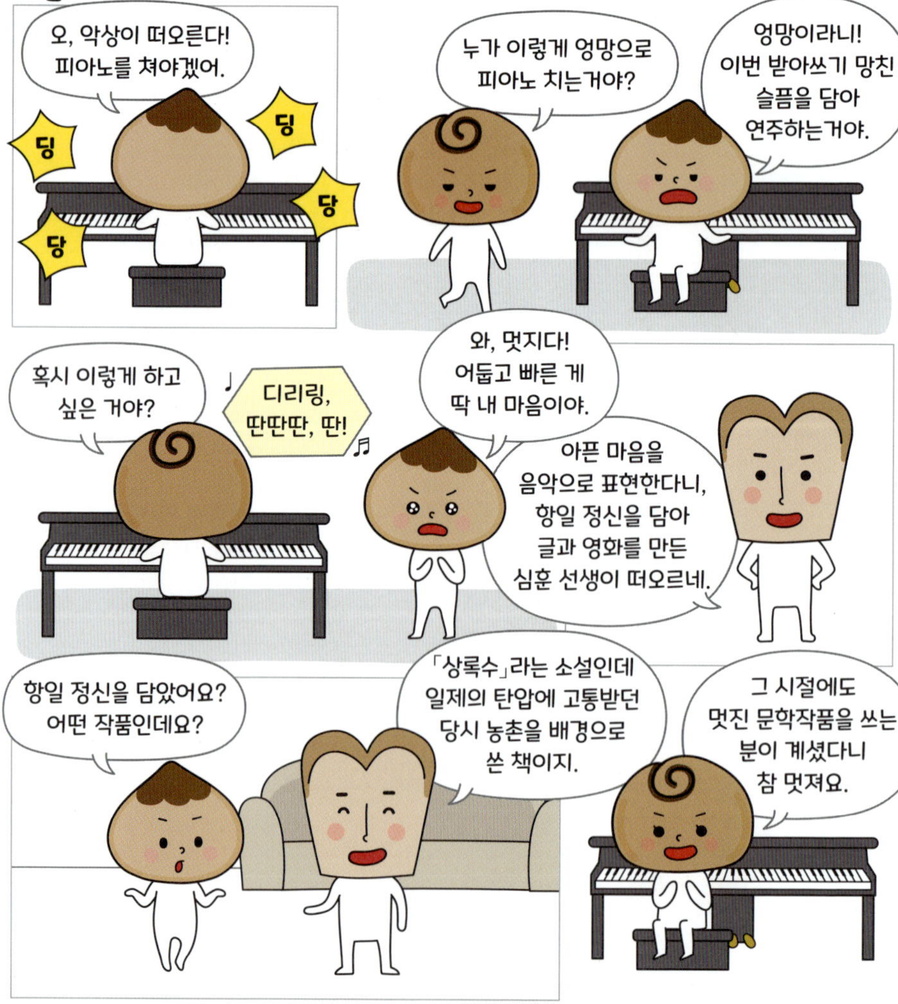

128 윤동주

하늘과 바람과 별과 시

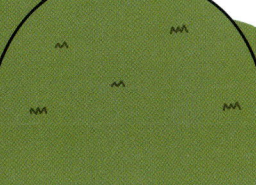

129 이육사

시인이자 무장 독립 투쟁가의 삶

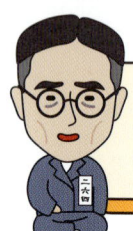

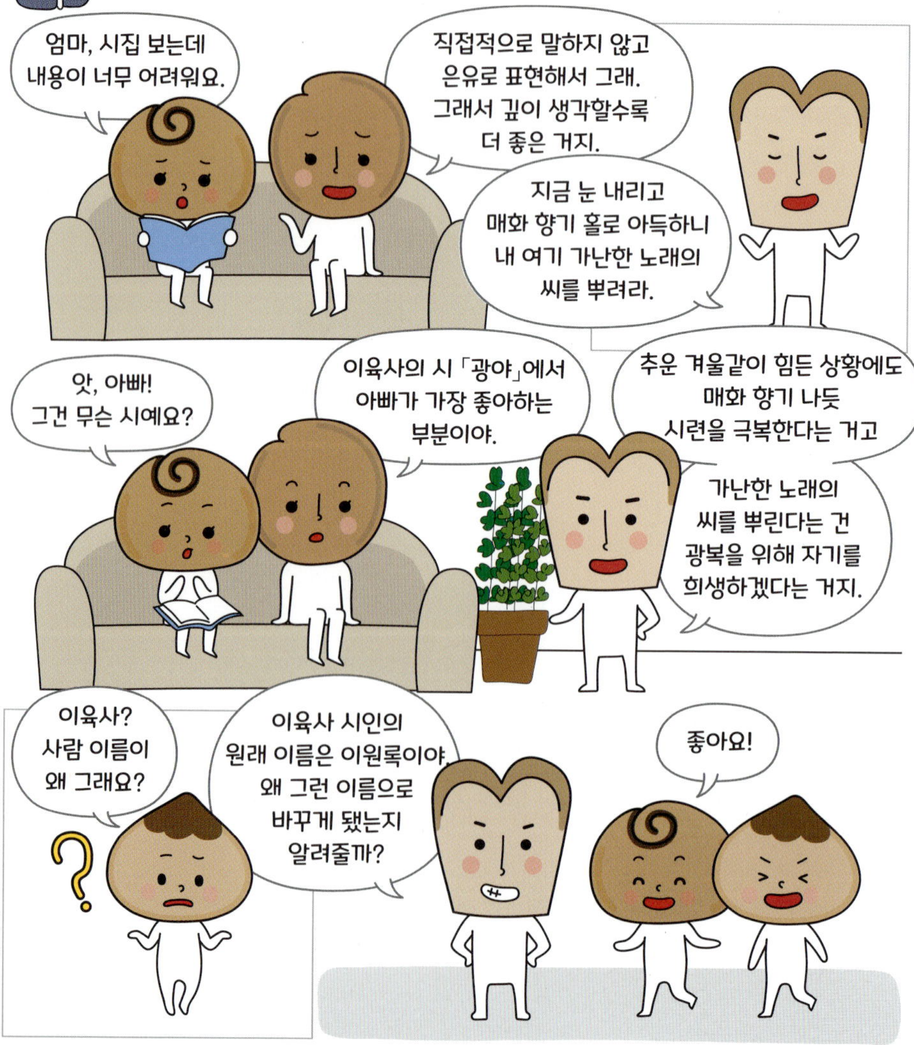

1925년 이원록은
형 이원기,
동생 이원유와 함께
의열단에 들어갔어.
의열단에 들어왔으니
중국과 조선을 드나들며
독립운동을 어떻게 할지
알아봅시다.
그런데 1927년 10월
조선은행 대구지점
폭파 사건이 일어나자
일제가 이원록과
형제들을 체포했지.
너희가 이번 사건의
범인이라고 어서 자백해!
으으윽...
우리는
범인이 아니오!
나의 독립 의지를 담아
수감번호 '264'를
새로운 이름으로
삼아야겠다.
二六四
1929년 2월,
폭파 사건의 실제 인물
장진홍이 체포되자
삼형제는 풀려났어.
그러나 고문 후유증으로
병을 얻었지.

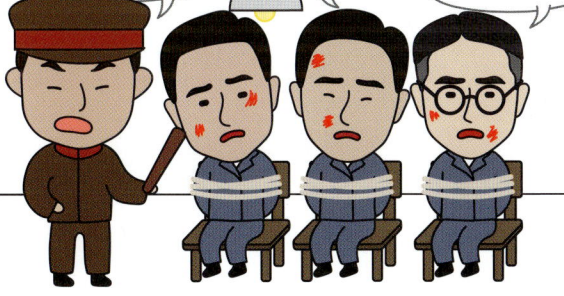

이후 이육사 시인은 신문기자가 되어 글을 쓰며 일본에 저항하는 의지를 담은 시를 발표하기도 했어. 그럴수록 일제의 감시는 더욱 심해졌지.

"일본을 비판하는 글이 대구 시내에 붙었습니다. 이것도 이육사의 짓이 분명합니다!"

"이육사를 잡아 2개월 동안 감옥에 가둬라!"

그 후 1931년 이육사 시인은 중국으로 건너가 의열단에 다시 합류했어. 그리고 군사학교에 들어가 6개월 동안 체계적인 군사훈련을 받았지.

"훈련도 받았으니 조선으로 돌아가 비밀 업무를 수행하겠습니다."

"부디 몸 조심하게."

그러나 일본에 붙잡혀 또다시 7개월 동안 감옥살이를 하게 돼.

"반복되는 감옥살이로 건강이 악화되었군. 이제는 글을 통해 항일 운동을 시작해야겠다."

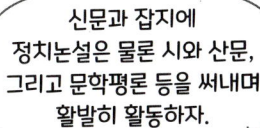

130 전형필

'문화 독립운동가' 간송 전형필

전형필이 모은 소장품에는 회화, 도자, 금속공예, 불교조각 등 수많은 국보급 문화재들이 들어 있지. 그리고 그 문화재들은 지금까지 우리 미술사 연구에 귀중한 자료가 되고 있어.

또한 인재양성의 중요성을 크게 깨닫고 우리나라 최초인 민족사학 보성학교를 인수해 인재를 기르는 데 힘썼어.

인재를 키워야 나라가 산다.

전형필은 한평생 자신보다 우리 민족의 역사와 문화를 지켜내고자 했지. 그의 희생 덕분에 한국미술사가 이만큼 발전할 수 있었던 거야.

더 알아볼까요?

1. 『훈민정음 해례본』, 신윤복 화첩 등을 사들여 보존한 사람은? ....
2. 전형필이 수집한 문화재를 보존하기 위해 설립한 미술관은? ....

정답 ① 전형필 ② 보화각(간송 미술관)

'문화 독립운동가' 간송 전형필 - **전형필**

131 김구
대한민국 임시정부를 이끌다

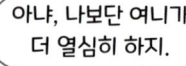

마리는 참 반 활동을 열심히 하는 것 같아.

아냐, 나보단 여니가 더 열심히 하지.

이번 체육대회 준비위원장은 역시 마리가 되겠지?

마리는 모두 다같이 참여하려고 해서 문제야. 잘하는 사람 위주로 밀어줘야지.

잘하는 사람 위주로 하면 우승 확률은 높아지겠지만 다같이 참여하는 게 우리 반을 위해서 좋잖아.

난 차라리 여니를 위원장으로 밀어줄래.

나도, 나도!

이 상황을 보니 김구 선생님이 생각나네.

김구 선생님이 왜?

독립운동을 위해 힘쓰셨고 광복 후에는 통일 정부를 이룩하려고 애쓰시다 반대 세력에게 밀려 결국 암살당하고 말았거든.

132 이동녕

민족의 대동단결과 해방을 꿈꾼 지도자

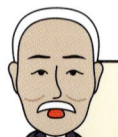

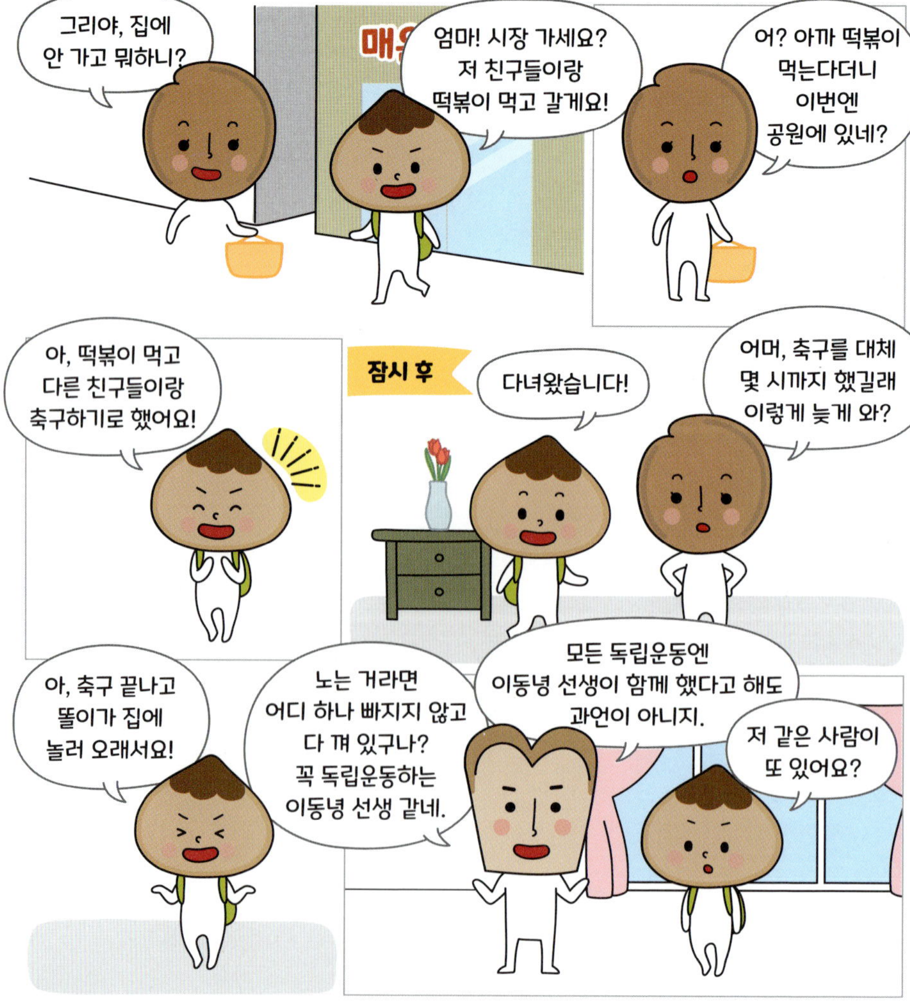

YMCA 운동,
을사늑약 체결 반대 운동,
상동 청년회 조직,
신민회 조직, 신흥무관학교 설립,
임시정부 수립 등
대표적인 항일 운동에는
항상 이동녕 선생이 있었어.

1919년 3월 1일 국내에서
일제의 식민지 통치를 부정하는
독립 선언이 발표되자
이동녕 선생은 조성환·이시영 등과
상해로 향했지.

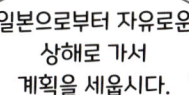

일본의 통치를 받지 않겠다는 독립 선언도 발표되었으니 어서 독립된 나라를 세워야 합니다.

일본으로부터 자유로운 상해로 가서 계획을 세웁시다.

그곳에는 국내외 각지에서
'독립국'을 세우려는
인사들이 모여들었어.
이때 임시로 의정원을 세웠는데
이동녕 선생은 임시 의정원 의장에
선출되었지.

우리가 세우려는 독립국의 이름을 '대한민국'으로 합시다.

찬성합니다!

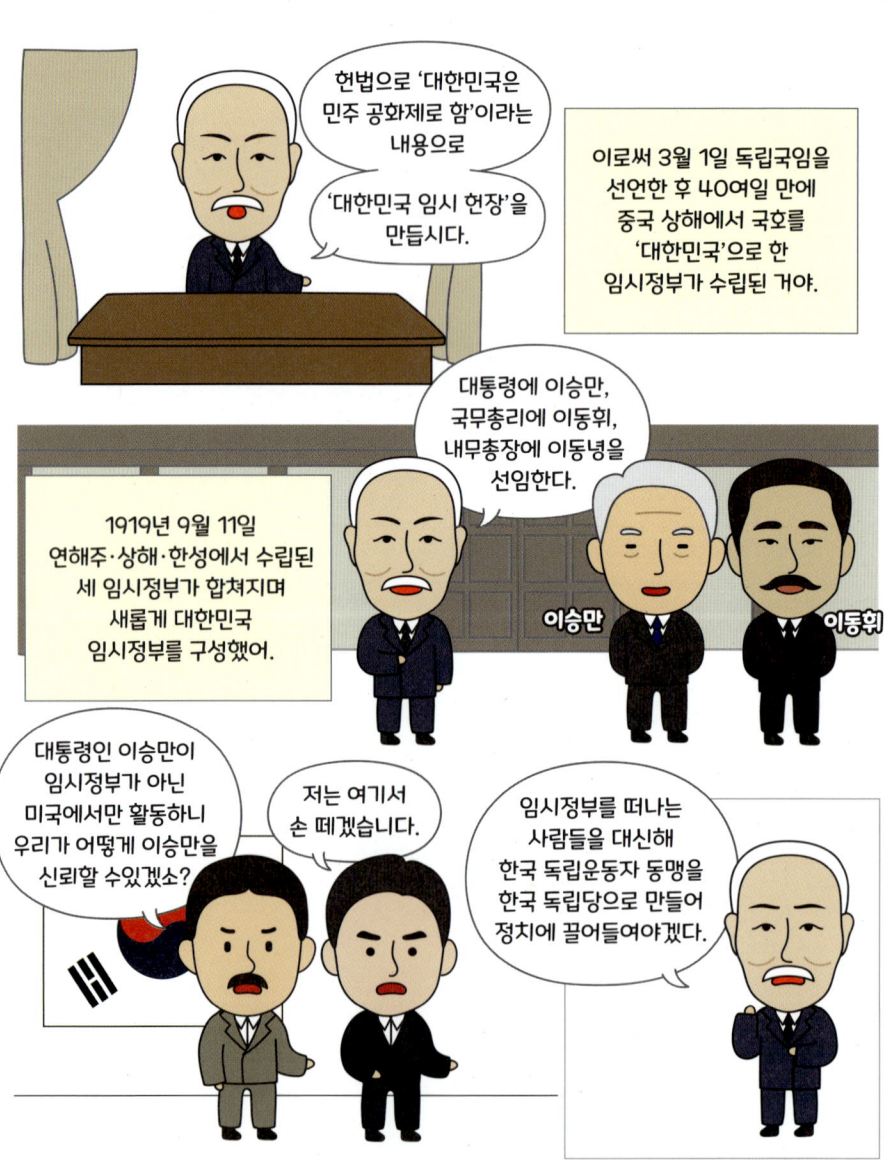

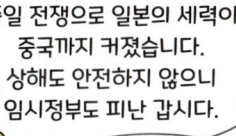

더 알아볼까요?

1. 일제 침략기에 만주 지역에 최초로 설립된 민족교육기관은? ....
2. 군사교육 및 독립군 양성을 위해 설립된 신흥강습소의 초대 교장은? ....

① 정답 : 서전서숙   ② 정답 : 이동녕

민족의 대동단결과 해방을 꿈꾼 지도자 - 이동녕

133 신채호

‘역사는 아와 비아의 투쟁’

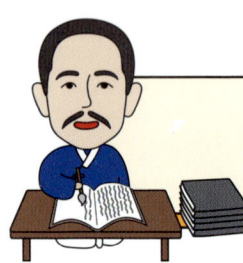

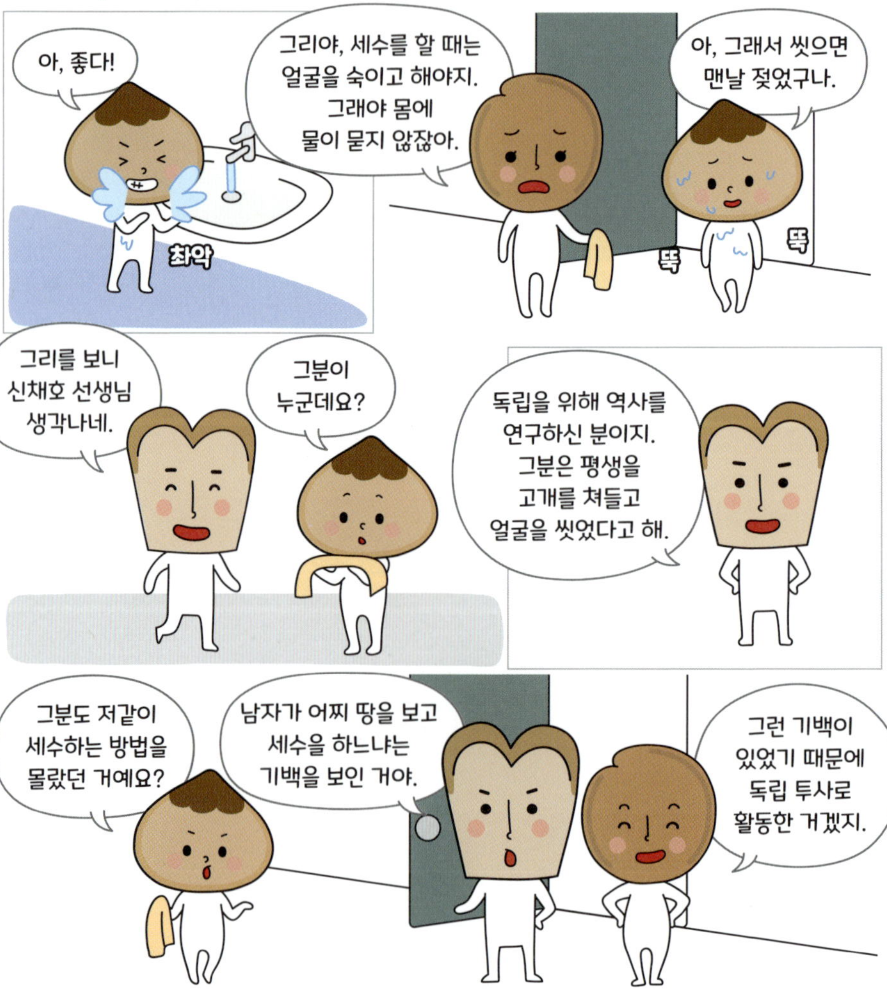

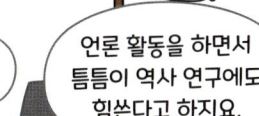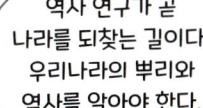

한편 의열단은 투쟁 선언문을 만들어 달라고 요청했어. 그래서 이 시기 독립선언문 중 가장 뛰어난 명문장이라 평가받는 「조선혁명선언」이 완성됐지.

일본의 침략적 행위를 강열하게 비판하며 일제와 타협하려는 행위를 우리의 '적'으로 여긴다.

남의 힘을 빌려 독립을 이룬다면 또다시 남의 지배를 받게 될 것이다. 이런 상황이 반복되지 않으려면 민중 스스로 총칼을 들고 싸워야 한다!

정부가 있으니 권력을 잡고 싸우는 것이다. 정부가 없다면 독립운동에 모든 힘을 쏟을 수 있을 것이다!

무정부주의자로 활동하며 독립운동가들의 회의에 참석하고 무장투쟁 자금 마련하다 타이완에서 일제 경찰에 체포됐지.

징역 10년을 선고받고 신채호 선생은 뤼순 감옥에 갇혀 투쟁하다 그만 병을 얻어 복역 8년 만인 1936년 감옥에서 쓸쓸히 숨을 거두고 말았어.

역사학자요, 언론인이며 혁명가인 신채호 선생이 해방된 조국의 땅을 밟아보지 못하고 생을 마감한 것이 참으로 안타깝습니다.

더 알아볼까요?

1. 신채호 선생이 항일 무장 단체인 의열단의 행동 강령으로 쓴 글은? ....
2. 을지문덕전, 이순신전 등 위인전을 써서 독립 의식을 키우고자 한 사람은? ....

① 정답: 조선혁명선언   ② 정답: 신채호

'역사는 아와 비아의 투쟁' – 신채호

134 이승만

4·19 혁명으로 물러난 초대 대통령

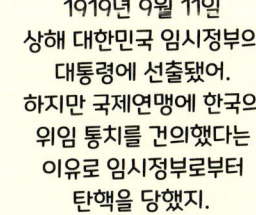

태평양전쟁이 일어나자 일제는 조선에서 미국 정부가 전세계에 방송하는 라디오를 듣지 못하게 막았어. 그러나 이승만이 이 라디오 망을 이용해 조선 땅에 선전하기 시작했어.

일제는 전쟁에 패망할 것이다. 우리 임시정부는 연합군의 승인을 얻을 것이다. 우리는 독립을 위해 준비해야 할 것이다.

일본이 전쟁에서 질 거라네요.

독립을 위해 준비해야 할 것이다.

우리 광복도 머지 않았군.

이 방송 연설은 광복 이후 이승만이 남한 정계에서 우익과 좌익 양쪽의 지지를 받는 민족 지도자로 떠오르는 데 결정적인 역할을 하게 됐어.

미 군정과 남한의 우익, 좌익 모두 이승만을 '최고 지도자'로 인정합니다.

1945년 광복 후 이승만은 미국 군정 지도자 맥아더와 하지의 지지 아래 대한민국으로 돌아왔어.

1947년 7월 미국이 공식으로 남한의 단독정부 수립을 공표하고 1948년 8월 15일 대한민국 초대 대통령에 취임하게 됐어.

"대한민국을 위해 이 한 몸 바치겠습니다!"
"이승만!"
"와아아!"

6.25 전쟁이 휴전으로 끝나고 이승만은 장기집권을 꿈꿨어. 헌법을 초대 대통령에 한해 횟수 제한 없이 대통령을 계속할 수 있게 개정한 거야.

"내 지지율이 떨어진다고? 그럼 헌법을 개정해서라도 다시 대통령에 당선되어야지!"

1960년 정·부통령 선거에서 엄청난 부정선거가 나타나자 국민들의 분노를 사 4·19 혁명이 일어나게 됐지. 그 뒤로는 하와이로 망명 가 그곳에서 생을 마감했어.

"독재정치가 이승만은 물러나라!"
"국민이 원한다면 사임하겠습니다."

더 알아볼까요?

1. 3·15 부정선거에 저항하여 발생한 4·19 혁명으로 대통령직에서 물러난 사람은? ....
2. 반민족 친일파들을 처벌하고자 구성한 위원회는? ....

정답 ① : 이승만 정답 ② : 반민족행위자처벌특별위원회(반민특위)

4·19 혁명으로 물러난 초대 대통령 - **이승만**

135 박은식

역사는 나라의 혼, 임시정부 제2대 대통령

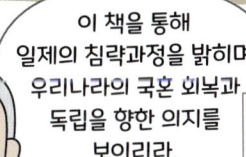

더 알아볼까요?

1. 대한민국 임시정부 제2대 대통령은? ....
2. '국혼'을 강조하며 역사 연구를 통해 독립운동을 한 사람은? ....

역사는 나라의 혼, 임시정부 제2대 대통령 - **박은식**

136 김규식

파리 강화 회의 대표로 참석하다

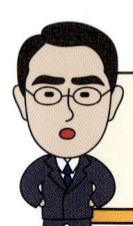

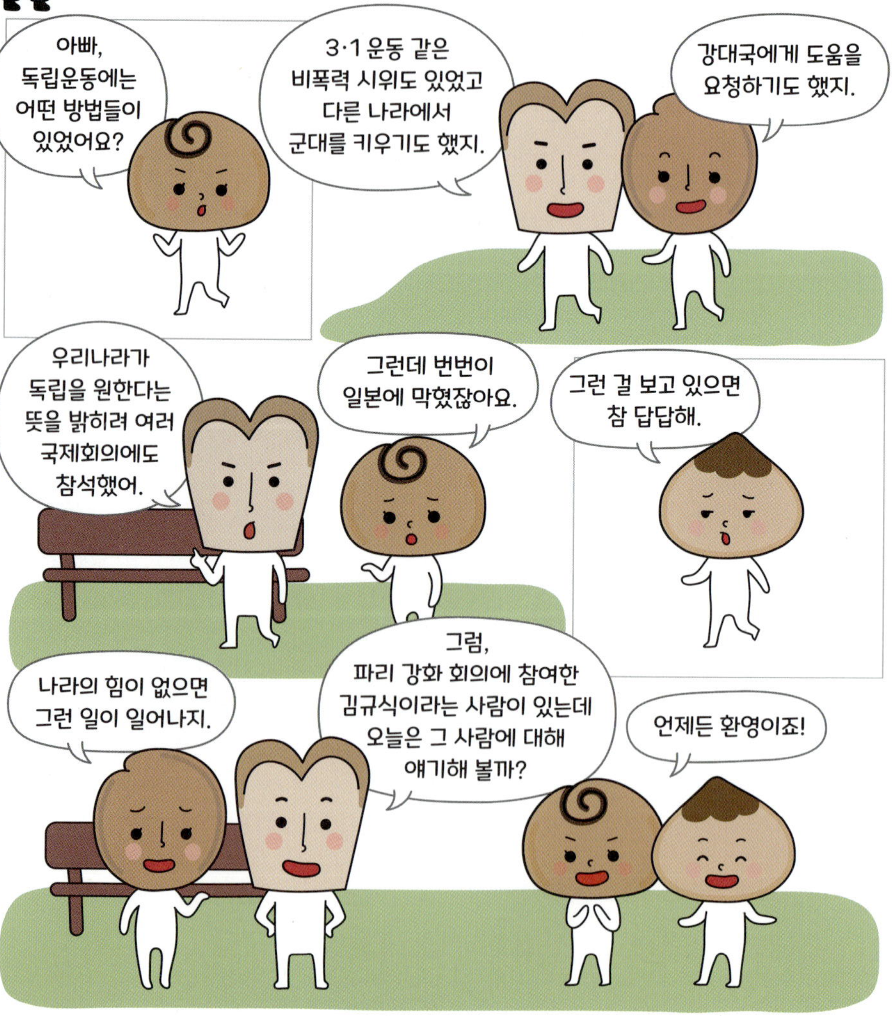

김규식과 김구는 통일 정부를 만들기 위해 노력했어. 남북협상을 위해 직접 38선을 넘어 평양을 방문하여 4자회담을 갖기도 했지.

"협상을 통해 하나의 통일된 정부로 독립합시다."

"모두의 꿈 아니었습니까."

그러나 남북협상은 이렇다 할 성과를 내지 못했어. 남한에서도 단독정부 수립을 위한 5·10 총선거가 시작됐지.

"통일된 정부를 만들지 못한다면 전쟁을 피할 수는 없을 것이다."

이 일로 김규식은 정치활동에서 떠났어. 그리고 그가 우려했던 대로 1950년에 한국전쟁이 일어났고 그도 이 전쟁으로 불행하게도 납북되어 북한에서 일생을 마치게 되었지.

더 알아볼까요?

1. 제1차 세계대전 이후 열린 파리 강화 회의에 한국 대표로 참석한 사람은? ....
2. 김구, 조소앙과 함께 남북협상을 위해 평양에 가서 김일성과 협상한 사람은? ......

① 정답: 김규식 ② 정답: 김규식

파리 강화 회의 대표로 참석하다 - 김규식

137 조소앙

'삼균주의'에 기초하여 대한민국 임시정부의 건국강령을 만들다

1950년 제2대 국회의원 선거에서 서울 성북구에 출마해 전국 최고 득표자로 선출됐어. 이는 그를 향한 민심이 어땠는지를 보여주지.

국민 여러분, 뽑아주셔서 감사합니다!

와아아!

하지만 곧 6.25 전쟁이 일어났고 전쟁 중 조소앙은 북한으로 납치되고 말았어.

새로운 국가 건설을 시도하기도 전에 북한에 끌려오다니...

하지만 이곳에서라도 좋은 나라를 만들기 위해 내가 할 수 있는 것을 하자.

1958년 북한에서 생을 마감하고 평양에 묻혔지. 하지만 그의 뜻을 계승하는 우리나라의 삼균학회에서 그의 고향인 경기도 양주에 시신 없이 옷과 관을 묻는 의관장으로 임시 묘를 만들었어.

하나의 민족 국가를 꿈꿨던 조소앙 선생님의 꿈이 언젠가는 이루어지길 바랍니다.

더 알아볼까요?

1. '삼균주의'를 주장하여 평등한 사회를 이루자고 주장한 사람은? ....
2. 광복 후 「임시정부 당면정책」을 작성하여 건국 운동의 방향성을 제시한 사람은? ......

① 정답 : 조소앙   ② 정답 : 조소앙

'삼균주의'에 기초하여 대한민국 임시정부의 건국강령을 만들다 - 조소앙

138 지청천
한국광복군 총사령관

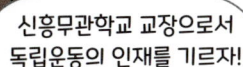

"우리는 한국광복군이다. 앞으로 미국의 도움을 받아 우리 땅에서 일본을 몰아내기 위해 국내로 침투해 싸울 것이다! 작전명은 '독수리' 이다!"

1945년 3월 김구, OSS 책임자를 만나 작전을 논의했고 4월 3일 김구의 승인 이후 훈련이 시작됐지.

작전 개시를 준비했지만 일본의 무조건 항복으로 8월 15일 광복을 맞이하게 됐어.

"우리의 힘으로 싸워 이겼다면 주권이 우리에게로 돌아왔을텐데..."

"광복은 기쁘나 한편으론 씁쓸하구나."

"일본 육군사관학교 졸업 후 일제에 협력하지 않고 평생 무장 독립투쟁에 헌신했다. 이제 죽어도 여한이 없다."

지청천의 정신을 본받아 오늘날 국군은 한국광복군을 계승하며 대한민국을 지키고 있어.

더 알아볼까요?

1. 한국광복군 총사령관으로 광복군을 이끈 사람은? ....
2. 지청천이 1947년 조직한 애국 청년단체는? ....

① 정답 : 지청천 ② 정답 : 대동청년단

한국광복군 총사령관 - **지청천**

139 여운형
좌우합작 운동을 펼치다

여운형 선생은 3·1 운동 후 일본으로 가 고위 관리들과 만나며 3·1 운동을 폭력적으로 진압한 일제의 잘못을 지적하고 한 호텔에서 3·1 운동을 한 이유를 설명하는 연설을 하기도 했어.

일본에서의 활동을 마치고 상하이로 돌아가자. 그리고 모스크바에서 열리는 극동 피압박 민족대회에 한국의 대표로 나가 우리의 독립의사를 밝혀야겠다.

그러나 상하이에서 일제에게 체포되어 한국으로 돌아와 3년간 옥살이를 하게 됐어.

3년의 감옥살이가 끝났지만 일제의 감시가 심해 다시 상하이로 돌아가는 게 쉽지 않겠습니다.

그렇다면 언론을 통한 독립운동을 해봐야겠소.

여운형 선생은 조선중앙일보사의 사장이 되었어. 그런데 얼마 있지 않아 『조선중앙일보』가 폐간되고 말았지.

신문이 폐간된다니, 이게 무슨일입니까?

베를린 올림픽 마라톤에서 우승한 손기정 선수의 사진에서 일장기가 잘 보이지 않도록 지워서 보도해서 그렇소.

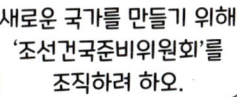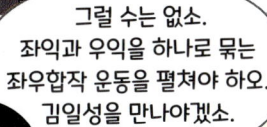

140 김창숙
조선의 마지막 선비

1949년 김구가 암살되고 1950년대 들어 이승만의 권위주의적인 독재정치가 강화되자 독재와 부패를 막기 위한 투쟁을 벌였어.

이승만 하야 경고문을 뿌린 죄로 김창숙을 부산형무소에 40일간 수감한다!

한편 김창숙 선생은 1946년 유림을 정리하고 성균관대학을 설립했고 1953년 종합대학으로 승격시켜 초대 총장이 되었어.

나라가 강해지는 유일한 길은 교육뿐이다!

이 나라가 진정한 국민을 위한 나라가 되길...

가문의 재산은 독립 자금으로 사용하고 집 한 칸도 없이 가난하고 힘들게 살았지만 누보다 뜨거웠던 그의 열정은 무엇보다 값진 것이라 할 수 있지.

더 알아볼까요?

1. 성균관대학교를 설립하고 초대 총장을 지낸 사람은? ....
2. 파리 강화 회의 때 유림 세력의 뜻을 모아 독립청원서를 보낸 사람은? ....

① 김창숙 : 답정 ② 김창숙 : 답정

조선의 마지막 선비 - 김창숙

141 장준하

광복군에서 민주, 민족, 통일운동가로

이후에도 연이은 민주화운동 참가로 10여 차례 투옥되었어.

박정희가 군사 반란으로 대통령이 되다니, 민주화의 날은 오지 않는 것인가?

대통령은 개헌을 발의해서 완전한 민주헌법을 만들고 그 헌법에 따라 구속된 민주인사와 학생을 무조건 즉시 석방하고 자유언론을 보장하라!

1975년 개헌청원백만인 서명운동본부의 이름으로 「박정희 대통령에게 보내는 공개서한」을 발표했어.

유신 체제에 저항하여 민주화를 외치던 장준하는 1975년 등산하다 의문의 사고로 사망하고 말았어.

그의 사망은 분명 공권력에 의한 것입니다!

모든 수사기관이 증거를 없애니 증명할 길이 없군요.

더 알아볼까요?

1. 장준하가 일제 학도병에 징집되었으나 탈출하여 들어간 임시정부의 군대는? ....
2. '아시아의 노벨상'으로 불리는 막사이사이상을 한국인 최초로 수상한 사람은? ....

① 정답 : 한국광복군 ② 정답 : 장준하

광복군에서 민주, 민족, 통일운동가로 - **장준하**

142 홍난파

천재 작곡가, 한국의 슈베르트

하지만 배움에 대한 갈증을 참지 못하고 1931년 미국 시카고에서 유학생활을 시작했어.

미국에 있는 한인들과 함께 독립운동하는 흥사단 대표 안창호입니다.

우리와 함께 독립운동하는 것이 어떻습니까?

좋습니다. 흥사단에 가입하지요.

미국에서 돌아오자 그는 음악교육에 힘쓰다 한국 최초의 바이올린 3중주 실내악단 '난파트리오'를 만들어 활동했어.

1937년 일제는 독립운동가들을 대대적으로 수사했는데 이를 '수양동우회사건'이라고 해. 홍난파는 안창호와 함께 감옥에 갇히게 됐고 이때 얻은 병세로 1941년 세상을 떠나고 말았어.

음악을 하는 사람이지만 나라를 잃은 슬픔을 알기에 독립을 외칠 수밖에 없었습니다.

언젠가 대한민국에서 자유롭게 우리의 노래를 연주할 수 있기를 바랄 뿐입니다.

더 알아볼까요?

1. 우리나라 최초의 예술가곡 '봉선화'를 작곡한 사람은? ....
2. 홍난파가 결성한 우리나라 최초의 최초의 실내악단은? ....

정답 ① 홍난파 ② 정답 : 난파트리오(바이올린3중주)

천재 작곡가, 한국의 슈베르트 - 홍난파

143 정지용
한국인이 사랑하는 시 「향수」의 시인

6·25 전쟁 때 납북되어 친북 작가라는 오해로 인해 정지용 문학은 무려 30년 넘게 금기되며 한국 문단에서 자취를 감췄다가 1988년에야 해금되었지.

이처럼 좋은 시를 지금에라도 알게 되어 얼마나 다행인가!

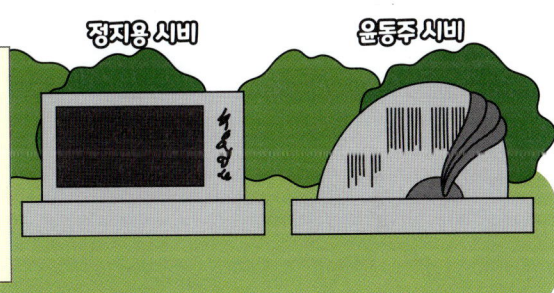

정지용 시비 윤동주 시비

2005년 정지용 시인의 모교인 교토 도시샤대학 교정, 대학 후배 윤동주 시인의 시비 바로 옆에 정지용 시비가 세워지기도 했어.

한국의 현대시가 정지용에서 비롯되었다 해도 과언이 아닙니다.

정지용은 1930년대에 한국 현대시의 새로운 시대를 개척한 선구자라는 평가를 받은 위대한 시인이었어.

더 알아볼까요?

1. 「향수」라는 시로 식민지 시기 잃어버린 고향을 노래한 시인은? ……………
2. 박목월, 조지훈, 박두진 등 청록파 시인들이 등단한 문학지는? ……………

정답 ① 정지용 ② 「문장」

144 박정희

경제 성장을 이루었으나, 독재자의 길을 걷다

"우리나라 근현대에는 일제강점기를 지나 한국전쟁까지 많은 고난이 있었어요."

"그럼 우리나라는 거의 폐허였겠네요?"

"겨우 일제강점기를 벗어났는데 또 한국전쟁이라니 너무 슬프다."

"맞아요. 경제도 많이 어려웠죠."

"그런데 어떻게 우리나라가 지금처럼 잘 살 수 있는 거예요?"

"어려운 시절 경제 발전을 위해 힘쓴 대통령이 있었거든요."

"하지만 끝내 독재를 시작해 이 사람에 대한 평가가 엇갈리게 되었어요."

"오늘은 그분에 대해 알려주실 거죠?"

"맞아요. 오늘은 박정희 대통령에 대해 알아봅시다."

박정희가 가장 중요하게 생각한 것은 경제 발전과 한일 국교 정상화였어.

경제개발 5년 계획을 추진하는데 자본이 부족하군. 자본 확보를 위해선 한일 국교 정상화가 필수지.

일본에 대한 국민들의 반감이 큰 때에 국교 정상화를 진행한다면 반대가 심할 겁니다.

대일 굴욕 외교라고 반대 시위하는 시민과 대학생들은 계엄령을 내려 모두 막았습니다.

들을 필요 없는 말에 귀 기울일 필요 없지.

박정희는 고성장, 수출 성과, 산업기지 건설 등을 통하여 국정 운영에 자신감을 가지게 되었지만 이와 함께 점점 독재 성향을 띠어가기 시작했어.

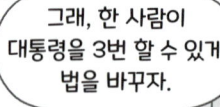

어떡해야 대통령 자리에 더 오래 있을 수 있을까?

그래, 한 사람이 대통령을 3번 할 수 있게 법을 바꾸자.

국가 안보와 사회질서를 위해선 지속적인 경제성장을 이룰 수 있는 강하고 안정적인 정부가 필요합니다. 제가 다시 대통령이 되어 강한 나라를 만들어 내겠습니다!

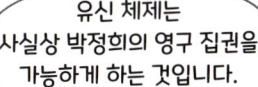

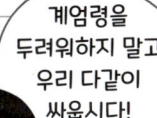

더 알아볼까요?

1. 대통령 중임 제한을 철폐하고 3선이 가능하도록 헌법을 고친 것은? ……………
2. '통일주체국민회의'에서 대통령을 선출하도록 한 헌법은? ……………………

경제 성장을 이루었으나, 독재자의 길을 걷다 - 박정희

145 김대중

고난을 딛고 일어선 인동초, 최초의 노벨상 수상

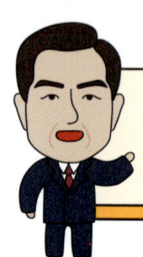

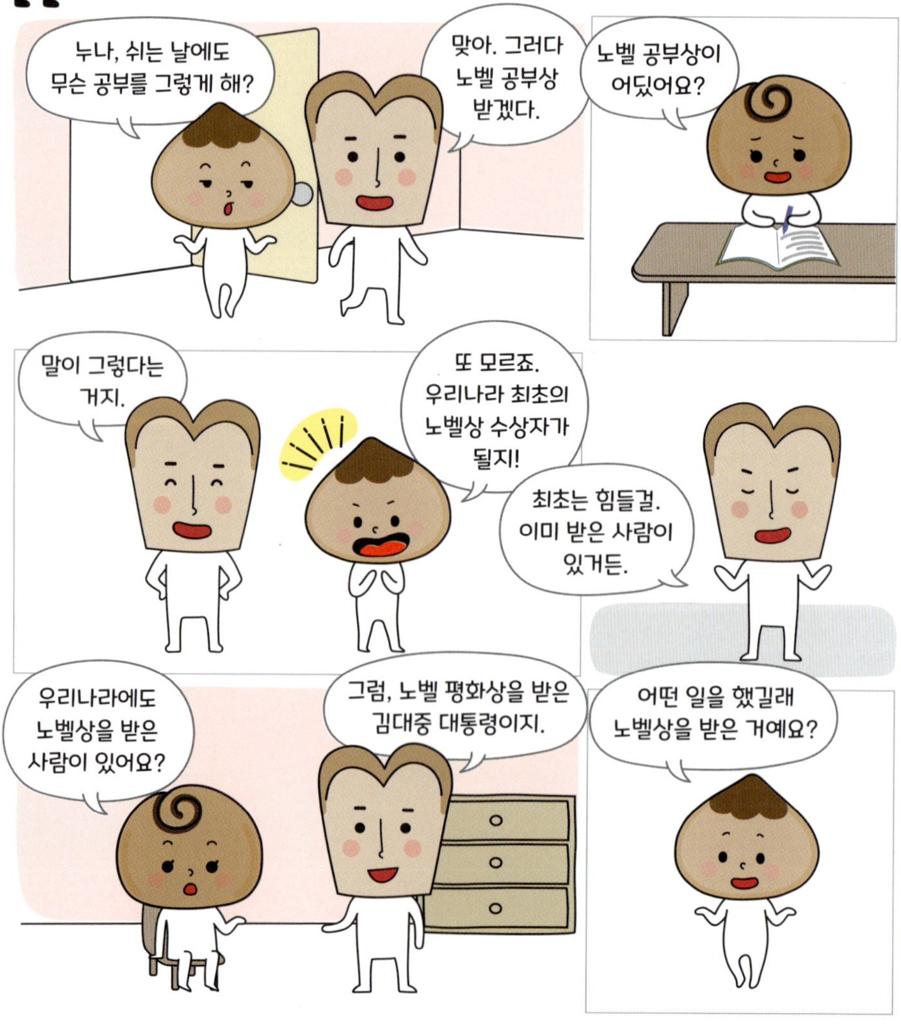

2000년 6월 평양을 방문하여 북한의 김정일 위원장과 분단 이후 최초로 남북 정상회담을 열고 '6·15남북공동선언'을 발표했어.

남과 북은 경제협력을 통하여 민족경제를 균형적으로 발전시키고

사회·문화·체육·보건·환경 등의 협력과 교류를 활성화하여 서로의 신뢰를 다져 나가기로 했습니다.

2000년 12월 인권 향상과 남북 관계의 진전에 기여한 공로로 한국인 최초로 노벨 평화상을 수상하는 업적을 남겼어.

북한과의 협의 후 금강산 관광, 개발 사업 등 경제협력을 추진했고

그 결과 남북 정상회담을 시행하고 개성공단을 설립하기로 했습니다.

김대중의 이러한 행보로 1999년 홍콩의 시사주간 아시아위크가 선정한 '아시아에서 가장 영향력 있는 지도자 50인' 중 공동 1위에 오르기도 했지.

고난을 딛고 일어선 인동초, 최초의 노벨상 수상 - 김대중

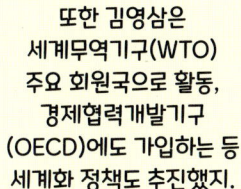
또한 김영삼은 세계무역기구(WTO) 주요 회원국으로 활동, 경제협력개발기구(OECD)에도 가입하는 등 세계화 정책도 추진했지.

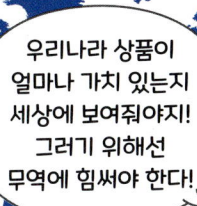
우리나라 상품이 얼마나 가치 있는지 세상에 보여줘야지! 그러기 위해선 무역에 힘써야 한다!

하지만 김영삼의 임기 후반은 순탄치 않았어. 나라의 성장을 위해 많은 돈을 빌리다 그만 금융위기가 오고 말았지.

회사가 다 망해 버렸으니 일자리를 잃은 사람들이 넘쳐나는 군.

이제 뭘 먹고 살아야 하나...

어쩔 수 없이 국제통화기금(IMF)에 구제금융을 요청해야겠군.

이로 인해 지지도가 급격히 하락하며 부정적 평가 속에 1998년 임기를 마쳤어.

더 알아볼까요?

1. "닭의 목을 비틀어도 새벽은 온다"라는 말로 유명한 대통령은? ....
2. 금융실명제를 실시하여 금융 개혁을 이루어 낸 대통령은? ....

① 김영삼 ② 김영삼

금융실명제와 역사바로세우기를 실천한 대통령 - 김영삼

147 노무현

'사람 사는 세상'을 만들고자 한 대통령, '바보 노무현'

'사람 사는 세상'을 만들고자 한 대통령, '바보 노무현' - 노무현

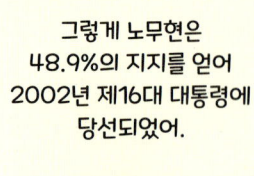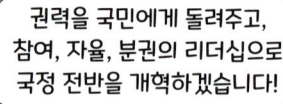

2007년 김대중에 이어 두 번째 남북 정상회담을 개최하기도 했어. 평양으로 건너가 김정일과 함께 10·4 남북 정상선언을 했지.

남북 관계를 발전시키고 평화롭게 지내기 위한 선언을 발표합니다.

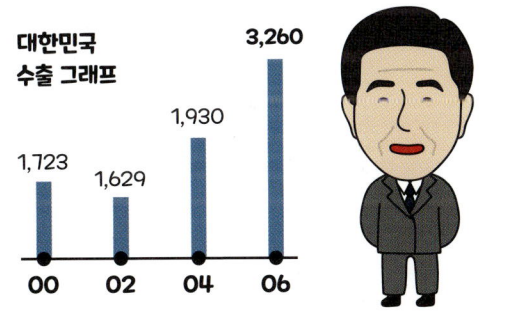

또 1인당 국민소득 2만 달러 시대를 달성했고 수출 3000억 달러를 달성하고 국가 경쟁력을 세계 11위까지 올렸어.

대한민국 수출 그래프
- 00: 1,723
- 02: 1,629
- 04: 1,930
- 06: 3,260

멀리 보는 시민, 책임을 다하는 시민, 행동하는 시민이 주권자입니다.

노무현은 대한민국의 역대 대통령 중 가장 민주적이고 서민적인 대통령이라는 평가를 받았어.

더 알아볼까요?

1. '노사모'라는 팬클럽이 만들어진 대통령은? ....
2. 남북 정상회담을 개최하여 '10·4 선언'을 한 대통령은? ....

① 정답: 노무현 ② 정답: 노무현

'사람 사는 세상'을 만들고자 한 대통령, '바보 노무현' – **노무현**

148 반기문

한국인 최초의 유엔 사무총장

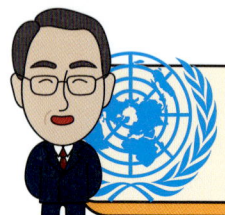

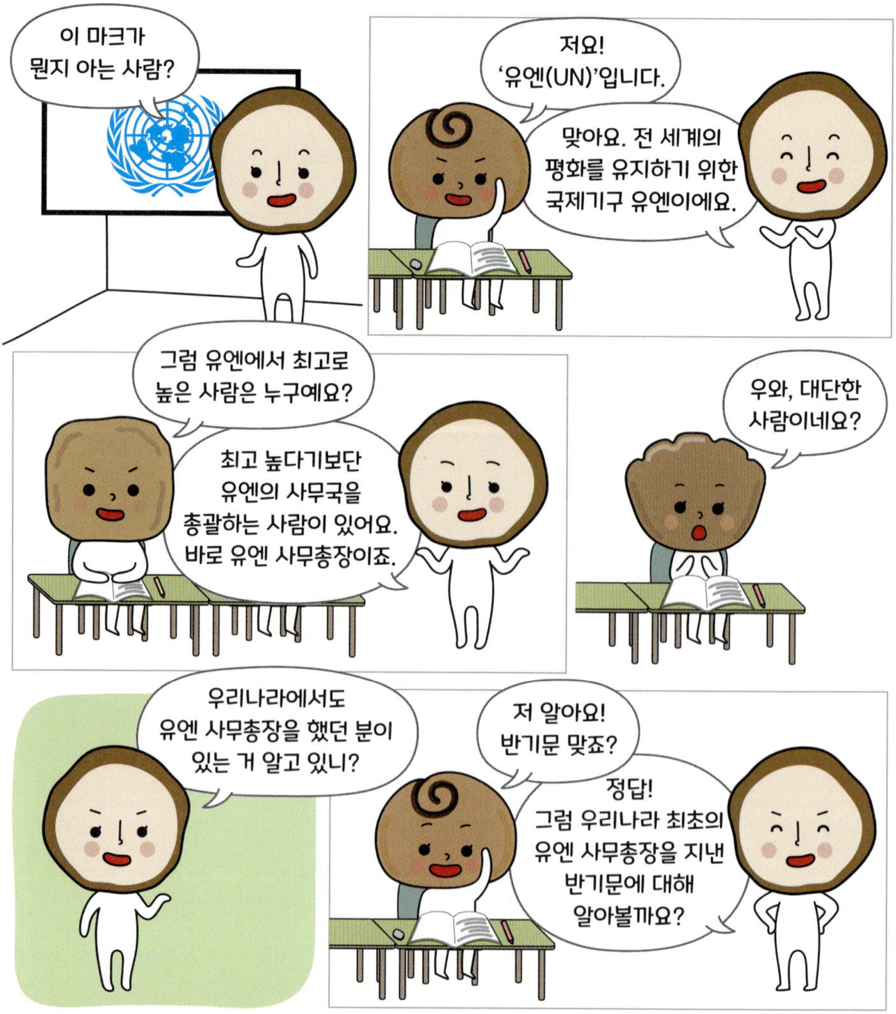

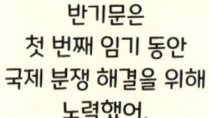

온실가스 1, 2위 배출국인 중국과 미국을 포함해 90여 개국이 조약에 최종 동의할 수 있게 이끌어낸 거야.

기후 변화를 멈추기 위한 중요한 성과를 이루셨습니다.

유엔 사무총장 임기를 마친 반기문은 2017년 9월 15일 국제올림픽위원회(IOC) 윤리위원장으로 선출됐어.

IOC는 반기문 위원장이 유엔 총장 재직 시절 가장 먼저 한 일이 윤리규정을 도입해 모든 직원에게 적용한 것이었죠.

반기문은 충분히 이 일을 맡을 자격이 있습니다.

국제기구에서 그가 오랜 기간 일할 수 있었던 것은 엄격한 윤리 기준, 진실성, 책임감으로 헌신했기 때문일 거야.

더 알아볼까요?

1. 우리나라 사람으로 최초로 유엔 사무총장을 역임한 사람은? ....
2. 기후 위기를 극복하기 위해 2016년 파리에서 90여 개국이 온실가스 감축을 약속한 협정은? ......

정답 ① 반기문 ② 파리협정

한국인 최초의 유엔 사무총장 - **반기문**

149 김수환
가난하고 소외된 이들의 벗, 한국 최초의 추기경

빵빵시 어린이 도서관

그리야, 왜 그러니?

추기경이 뭐지…? 축구 경기라는 뜻인가?

읽고 있는 책에 모르는 단어가 나와서요. 추기경이 뭐예요?

그건 가톨릭 고위 성직자를 가리키는 말이야.

오! 어쩐지 되게 멋있게 나오더라.

엄마, 우리나라에도 추기경이 있어요?

그럼. 한국 최초로 그 자리에 오른 분은 김수환 추기경님인데, 민주화에도 큰 영향을 끼쳤어.

정말요? 어떻게요?

자세한 건 휴게실에서 간식 먹으면서 얘기할까?

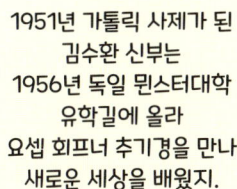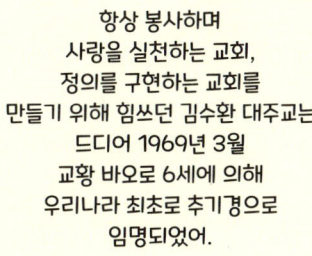

또한 민족복음화의 차원에서 적대적인 남북관계의 개선을 도모하고 평화로운 민족화해를 위해 남다른 노력을 보였어.

남과 북, 우리는 한 민족이었습니다. 굶주리는 북한 동포들을 위해

우리 서울대교구에서 50억 원 정도의 돈으로 식량지원을 하고자 합니다.

가장 중요한 것은 '인간'입니다. 인간을 위해 자신의 삶과 모든 것을 바친 예수 그리스도의 길을 따르는 것이지요.

김수환 추기경은 격동의 한국 사회에서 기본적인 국민의 자유와 인권 보장, 민주화에 대한 관심을 일깨우는 양심의 대변자였지.

김수환 추기경이 세상을 떠나며 두 눈의 각막을 기증했다는 소식이 알려지자 한동안 장기기증 단체에 기증자가 많이 몰렸다고 해.

죽는 순간까지 사회의 모범이 되신 김수환 추기경님을 따라 우리 천주교도 세상에 선한 영향력을 끼치며 삽시다.

더 알아볼까요?

1. 우리나라 최초로 천주교 추기경에 임명된 신부는? ....
2. 가톨릭교회 신부들이 사회정의를 실천하기 위해 결성한 조직은? ....

정답 ① 김수환추기경 ② 정답: 천주교정의구현사제단

가난하고 소외된 이들의 벗, 한국 최초의 추기경 – **김수환**

1935년 한경직 목사는 신의주에 교회를 건축했는데 일제는 그가 유학생이라는 이유로 교회 추방 명령을 내렸어. 1945년 광복 이후 다시 돌아왔지만 북한에 진주한 소련과 김일성이 기독교를 탄압하기 시작했어.

"북에서 함께 월남한 교인들과 함께 서울 영락동에 터를 잡아 새로운 교회를 세우자!"

1945년 영락동에 베다니교회가 세워졌어. 베다니교회는 이후에 영락교회로 이름이 바뀌게 되었지.

"이곳엔 북한의 탄압을 피해 월남한 피란민이 많다."

"베다니교회는 피란민들이 서로 위로하고, 신앙의 자유를 얻은 감사와, 혈육과 떨어진 아픔을 달래는 집이 될 것이다."

"우리 민족이 해결해야 할 시급한 문제는 죄, 무지, 가난이다."

"문제 해결을 위해 체계적인 교회 학교 계획표를 짜고 학생뿐 아니라 장년까지 교육받게 해야겠다."

거기에 멈추지 않고 여러 학교들을 세웠어. 특별히 신사 참배를 거부하고 자진 폐교한 숭실대학을 재건하는 데 앞장섰지.

"가난을 극복하기 위해 다양한 계층의 소외된 이웃에게 적극적인 구제활동을 이어가야 하지."

"감사합니다, 목사님."

그는 구제활동을 위해 여러 사회복지시설을 설립하고 봉사하는 교회의 모습을 보여줬지.

영락교회는 신앙을 바탕으로 공산주의에 대항하는 애국 활동을 펼쳤으며, 사회문제에도 많은 관심과 실천을 보여줬지.

"영락교회의 3대 사업목표는 전도, 교육, 봉사입니다. 한국 전쟁으로 폐허가 된 나라를 위해 우리가 힘씁시다!"

또한 서울 양화진 선교기념관, 서울 등촌동 실로암 안과병원 인천 선교사 상륙기념비 등을 세우기도 했지. 한국 교회가 생명력 있는 교회로 부상하는 데 큰 기여를 한 인물이야.

"지난 100년 동안 '받는 교회'였지만 앞으로 '주는 교회'가 되어야 합니다."

더 알아볼까요?

1. 종교계의 노벨상인 '템플턴상'을 수상한 한국인은? ....
2. 한경직 목사가 월남한 피란민을 모아 서울에 설립한 교회는? ....

① 정답 : 한경직 ② 정답 : 영락교회(대한예수교장로회)

화해와 평화의 목사 - **한경직**

바로 알고, 바로 쓰는

빵빵한 어린이 한국위인 2
근현대편